DUXING CHINESE

笃行中文

毛通文 黄建军/主编

厦门大学出版社 国家一级出版社
XIAMEN UNIVERSITY PRESS 全国百佳图书出版单位

图书在版编目(CIP)数据

笃行中文.3/毛通文,黄建军主编.—厦门:厦门大学出版社,2021.10
ISBN 978-7-5615-8395-1

Ⅰ.①笃… Ⅱ.①毛… ②黄… Ⅲ.①汉语—对外汉语教学—教材 Ⅳ.①H195.4

中国版本图书馆 CIP 数据核字(2021)第 202617 号

出 版 人 郑文礼
责任编辑 刘 璐
封面设计 蔡炜荣
技术编辑 朱 楷

出版发行 厦门大学出版社
社 址 厦门市软件园二期望海路 39 号
邮政编码 361008
总 机 0592-2181111 0592-2181406(传真)
营销中心 0592-2184458 0592-2181365
网 址 http://www.xmupress.com
邮 箱 xmup@xmupress.com
印 刷 厦门集大印刷有限公司

开本 787 mm×1 092 mm 1/16
印张 7
插页 1
字数 125 千字
版次 2021 年 10 月第 1 版
印次 2021 年 10 月第 1 次印刷
定价 36.00 元

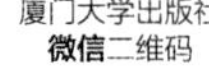

厦门大学出版社
微信二维码

厦门大学出版社
微博二维码

《笃行中文》3

主　　编： 毛通文　黄建军

分册主编： 黄建军　高　波　孟广洁（第一册）

刘　瑜　邓　军（第二册）

王肖玥　阮晶晶（第三册）

阮晶晶　余　雯（第四册）

编　　委：（按姓氏笔画排序）

于　群　马翠华　王　苇　王　盈　王肖玥　王维丽

尹小玲　邓　军　田　禹　刘　瑜　刘志义　阮晶晶

李　逊　杨可祯　余　雯　汪　婷　张　丹　张　娜

邵雪琪　周　瑶　孟广洁　郝　静　胡　婷　党瑞霞

徐丽丽　高　波　康国旗　程洋洋

编写说明

《笃行中文》（1～4）由厦门大学汉语国际推广南方基地与泰国皇太后大学孔子学院联合编写。本套教材的主要教学对象是国外大学非汉语专业本科生及中学生。教材以中国教育部中外语言交流合作中心《新汉语水平考试HSK大纲（一～六级）》为依据，贯彻“考教结合”“以考促教”“以考促学”的理念，注重培养学生学习汉语的兴趣和中文实际应用能力。教材每册包含约300个汉语词汇和相应的语法知识，带“*”的生词为超纲词；按课堂教学45课时、课后练习45课时设计。学生学完第一册可达到HSK二级水平，学完第二册可达HSK三级水平，学完第三、四册可达HSK四级水平。

为了方便学生课后练习中文，我们专门设计了适合学生使用的网上练习与测试系统，学生可以方便地在电脑和手机上完成课后练习及测试，并可模拟HSK。

本套教材汲取了厦门大学各共建孔子学院多年的教学经验，以培养学生的听力和阅读能力为重点，兼顾汉字知识和与课文相关的中国文化知识。限于编者学识，疏漏谬误在所难免，恳请识者不吝赐教！

本教材在编写过程中得到厦门大学国际中文教育学院夏国香、刘玉川、彭涛老师的大力支持，泰国皇太后大学孔子学院于群老师对本套教材做了系统的审校；在编写各课“走近中国”栏目时，参考了百度百科中的“十二生肖”“二十四节气”“科举制”“文房四宝”“指南针”等条目，并做了改写；“汉字”栏目参考了《体验汉字（入门篇）》和《新实用汉语课本（第一册）》等教材，也做了相应改写，特此致谢！

《笃行中文》编写组

2020年12月10日

词类简称表
ABBREVIATIONS

noun	*n.*	名词 míngcí
verb	*v.*	动词 dòngcí
adjective	*adj.*	形容词 xíngróngcí
numeral	*num.*	数词 shùcí
measure word	*m.*	量词 liàngcí
pronoun	*pron.*	代词 dàicí
adverb	*adv.*	副词 fùcí
preposition	*prep.*	介词 jiècí
conjunction	*conj.*	连词 liáncí
particle	*part.*	助词 zhùcí
interjection	*int.*	叹词 tàncí
auxiliary verb	*aux.*	能愿动词 néngyuàn dòngcí

目 录
CONTENTS

第一课　先练习汉字，再考HSK

学习目标 Learning Objectives

1. 掌握汉语学习方法和看病就诊相关词汇

Understand vocabulary related to learning Chinese and seeing a doctor

2. 运用“先……再……”表示动作的先后顺序

Use “先……再……” to indicate the order of two consecutive actions

课文 1 Text 1

学习汉语的方法

欧文：安娜，你汉语说得真好！你学汉语多长时间了？

安娜：两年了。我先学了《汉语一》，后来又学了《汉语二》，现在在学《汉语三》，计划明年再学《汉语四》。

欧文：那你的汉语水平一定很高！

安娜：没有没有，我以前有一点汉语基础。最近你有新的学习计划吗？

欧文：我想先练习汉字，再考 HSK。你有什么方法介绍给我吗？

安娜：我一般先预习新学的汉字，再学习课文。要是你能多做练习就更好了。

欧文：好的，我知道了。还有其他建议吗？

安娜：要是有时间，我建议你多看看中国电视和电影，这是提高汉语水平的好方法。

欧文：是吗？看电视和电影竟然可以学汉语，这个方法真有意思！

安娜：要是方法正确的话，学习效果会更好。你可以试试，这样你一定能成功地完成学习计划。祝你一切顺利！

欧文：谢谢，你也是！

词汇 1 Vocabulary 1

1	欧文	Ōuwén	*n.*	Owen (name)
2	安娜	Ānnà	*n.*	Anna (name)
3	计划	jìhuà	*n.*	plan
			v.	to plan to do something
4	基础	jīchǔ	*n.*	foundation; base; basis
5	方法	fāngfǎ	*n.*	method; way; approach
6	预习	yùxí	*v.*	to preview
7	要是	yàoshi	*conj.*	if; if only
8	建议	jiànyì	*v.*	to suggest; to advise
			n.	suggestion; advice
9	竟然	jìngrán	*adv.*	unexpectedly
10	正确	zhèngquè	*adj.*	right; correct; proper
11	效果	xiàoguǒ	*n.*	effect; result; outcome
12	成功	chénggōng	*v.*	to succeed
			adj.	successful
13	一切	yíqiè	*pron.*	all
14	顺利	shùnlì	*adj.*	smooth; without a hitch

课文 2 Text 2

张山的日记

2020 年 7 月 20 日　晴

大学毕业后，我工作特别忙，一直一个人生活。因为公司经常加班，我没时间休息。上个月，我身体很不舒服，咳嗽得厉害。

朋友们都说我应该去医院看看，但我没时间去。以前我要是不舒服，过几天就好了，这次竟然一个星期都没好。后来我病得更重了，头疼得很厉害，只好请了假去看医生。

到了医院，那个大夫很厉害，见了我就说："最近加了很多班吧？这次你病得不轻！每天应该按时下班，好好休息。"他还建议我不要再抽烟了，应该多锻炼。他让我先回家吃几天药，要是没效果再去医院打针。

我吃了三天药，没抽一根烟，咳嗽好多了。这次生病让我明白，身体健康最重要。要是有好的生活习惯，身体就会更健康。

词汇 2 Vocabulary 2

1	张山	Zhāng Shān	*n.*	a Chinese name
2	日记	rìjì	*n.*	diary; journal 日：day　记：to record; to remember
3	毕业	bìyè	*v.*	to graduate
4	生活	shēnghuó	*v.*	to live
			n.	life
5	加班	jiābān	*v.*	to work overtime
6	咳嗽	késou	*v.*	to cough
7	厉害	lìhai	*adj.*	serious; terrible; awesome
8	重	zhòng	*adj.*	heavy
9	只好	zhǐhǎo	*adv.*	to have to; be obliged to
10	大夫	dàifu	*n.*	doctor (in general)
11	轻	qīng	*adj.*	light; gentle
12	按时	ànshí	*adv.*	on time; on schedule
13	抽烟	chōuyān	*v.*	to smoke
14	打针	dǎzhēn	*v.*	to give or have an injection

注释 Notes

一、竟然（Unexpectedly）

“竟然”，副词，用在动词或形容词前，表示某种情况没有想到，出乎意料。例如：

The adverb “竟然” is used before a verb or an adjective to indicate unexpectedness or surprise. For example,

1. 没想到学汉语竟然这么有意思。
2. 我昨天竟然在公共汽车上遇到了小学同学。
3. 没想到这次考试竟然这么简单。
4. 他竟然只用了一年就考过了 HSK 四级。

二、应该（Should）

能愿动词“应该”放在动词前面，表示某人按照某种道义、责任或要求需要做某事。例如：

“应该” is an auxiliary optative verb. It is placed before a verb, meaning “should, ought to, or must do something”. For example,

1. 你应该有很多有用的学习方法吧。
2. 朋友说我应该去医院看医生。
3. 八点了，你应该起床去上班了。
4. 你们应该按时完成工作计划。

三、只好（Have to）

表示在某种情况下没有别的选择，只能这样。例如：

“只好” indicates that under some circumstances someone has no other choice but to do what is stated after “只好”. For example,

1. 我头疼得厉害，只好去医院看病。
2. 我新买的词典丢了，只好再买一本。
3. 太晚了，已经没有公共汽车了，我只好坐出租车。

语法 Grammar

一、先……再……（First ... Then ...）

“先……再……”表示连续动作的顺序。例如：

“先……再……” indicates the order of two consecutive actions. For example,

1. 我先练习汉字，再考 HSK。
2. 他计划先去西安，再去北京。

二、“再”和“又”（“再” and “又”）

副词“再”和“又”都放在动词前边作状语表示动作或情况的重复。不同的是：“再”用于表示尚未重复的动作或情况，“又”一般用来表示已经重复的动作或情况。例如：

The adverbs “再” and “又” are both used before verbs as adverbials, to indicate the repetition of an action or a state of affairs. They differ in that “再” indicates an action or situation is yet to be repeated while “又” normally refers to an action or situation that has already been repeated. For example,

1. 我现在学《汉语三》，计划明年再学《汉语四》。
2. 我前年学过《汉语一》，去年又学了《汉语二》。
3. 他昨天没来上课，今天又没来。明天再不来，他就不用参加考试了。

三、要是（If）

“要是”，连词，表示“如果、如果是”的意思，常用“要是……（的话），就……”结构，表示在假设情况下产生的结果。“如果”一般用于书面语，“要是”通常用于口语。例如：

The conjunction “要是” means “if”, and it is usually used in the structure “要是……（的话），就……”. It indicates the result of a hypothetical condition. “如果” is generally used in written Chinese, while “要是” is usually used in spoken Chinese. For example,

1. 要是能多做一些练习，就更好了。

2. 要是你去（的话），我就去。

3. 要是想家了，就给妈妈打电话。

走近中国 A Touch of China

在中国看病

在中国，去医院看病常常分为两种情况——急诊和普通门诊。急诊和普通门诊通常都是可以现场挂号和就医的。如果你遇到了危急的情况，例如割伤、摔伤、烧伤、腹痛，可以打急救电话“120”求助。如果不是紧急情况，你可以到医院的导诊台，告诉护士你哪里不舒服，护士会给你分配诊室。如果你没有中国的医保卡，通常需要买一张临时就诊卡，医院会把你的信息录入，用于挂号、看病、买药和储存病历。

中国已经基本实现了全民医保。在中国的医院，病人通常很多，医生看病的速度也比较快，很多检验项目的结果也是立等可取的。

Seeing a Doctor in China

In China, there are generally two scenarios for going to the hospital: an emergency or the normal outpatient. Emergency and general outpatient services are usually available for on-site registration and medical treatment. If you encounter a critical situation, such as cuts, falls, burns, abdominal pains, you can dial the emergency number “120” for help. If it is not an emergency, you can go to the guidance desk of the hospital and tell the nurse about your symptoms. The nurse will assign you a consultation room. If you do not have a Chinese medical insurance card, you usually need to buy a temporary medical card, and the hospital will use your information for registration, seeing a doctor, buying medicine and saving medical records.

In China, universal medical insurance has been basically achieved. In Chinese hospitals, there are usually many patients, so doctors work very efficiently, and the results of many tests are immediately available as well.

学而时习之　Practice Makes Progress

（一）选词填空（Choose correct words for the blanks）

A. 毕业　　B. 要是　　C. 厉害　　D. 竟然

1. 明年我就要（　　）了，我想去北京工作。
2. 这首歌特别好听，很多人都会唱，你（　　）没听过！
3. 大夫，我最近牙疼得（　　），不知道怎么回事？
4. 你（　　）有时间，就和我们一起去玩儿吧。

（二）连词成句（Form sentences with the words given）

1. 应该　　打电话　　你　　给妈妈

____

2. 他　　来看我　　今天　　又　　了

____

3. 我　　去　　医院　　了　　看病

____

4. 这么有意思　　学习汉语　　竟然　　没想到

____

（三）阅读理解（Read and choose the right option）

大夫给我检查了身体，告诉我先吃药，要是吃药没有效果，再打针。大夫还建议我多锻炼身体，不要抽烟，要按时睡觉。要有好的生活习惯，才能有健康的身体。

1. 根据上文，大夫告诉我先做什么？（　　）

A. 打针　　B. 吃药　　C. 抽烟　　D. 跑步

2. 大夫建议我做什么，才能有健康的身体？（　　）

A. 抽烟　　B. 吃药　　C. 多运动　　D. 少睡觉

（四）口语练习（Speaking task）

请用下面的词，向你的小组介绍一次你去医院看病的经历，并选择两个句子写下来。

A. 先……再…… B. 再；又
C. 要是 D. 竟然

1. ____________________

2. ____________________

（五）看图写句子（Look at the pictures and write the sentences）

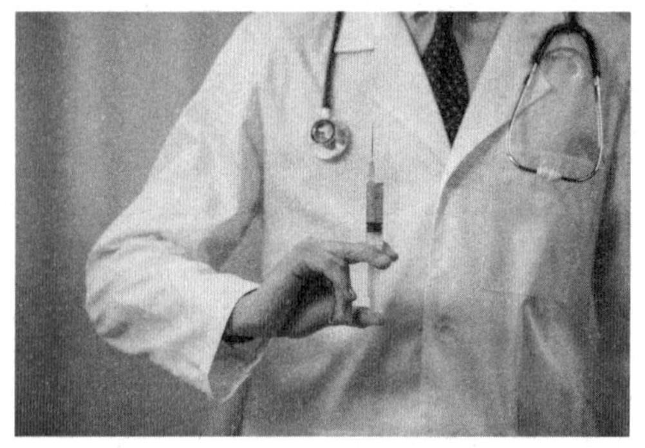

打针

____

咳嗽

____

抽烟

____

加班

____

第二课　这件比那件厚一点儿

学习目标 Learning Objectives

1. 掌握购物退换东西相关词汇

Understand vocabulary related to return and refund in a store

2. 运用“A 比 B+ 更 / 还 + 形容词”表示比较中的更高程度

Use “A 比 B+ 更 / 还 + 形容词” to express “even more” in comparison

课文 1 Text 1

到商店换衣服

顾　客：你好！昨天我买了这件衣服，大小挺合适，但现在觉得有点儿厚。

售货员：好的，七天内可以免费退换。您想退还是换？

顾　客：我想换一件。那件红色的没这件厚吧？

售货员：红色的比您这件厚一点儿。

顾　客：那件黄色的呢？

售货员：黄色那件比红色的更厚。您看这件蓝色的怎么样？

顾　客：这件不错！但是我从来没穿过蓝色的衣服，这件适合我吗？

售货员：适合。您穿蓝色比穿黄色好看多了。

顾　客：好的，冬天的时候还可以穿这件吗？

售货员：可以的，很暖和。也不贵，很值得换。

顾　客：那就换这件吧！谢谢你了。

售货员：不客气，应该的。

词汇 1 Vocabulary 1

1	顾客	gùkè	*n.*	customer
2	挺	tǐng	*adv.*	very; quite; pretty
3	合适	héshì	*adj.*	suitable; appropriate
4	厚	hòu	*adj.*	thick
5	售货员	shòuhuòyuán	*n.*	shop assistant; sales rep 售：to sell 货：goods 员：employee
6	内	nèi	*n.*	within; inside
7	免费	miǎnfèi	*adj.*	free
8	退	tuì	*v.*	to give back; to return (HSK5 Word)
9	从来	cónglái	*adv.*	right from the beginning; always
10	适合	shìhé	*v.*	to suit; to fit
11	暖和	nuǎnhuo	*adj.*	warm
12	值得	zhídé	*v.*	to deserve; to be worth

课文 2 Text 2

在中国退换东西

如果你买了东西又觉得不合适，可以去你购物的地方退换。首先，只要你买的东西不影响商店再次卖出，一般就能退换。其次，你买的东西可以是打折的，但不能是特价的，否则不能退换。

退换东西一般不需要多给钱，但是如果你想换的新东西比旧的贵一些，就要多给钱。退东西时，如果你是用现金付款的，商店一般会马上退现金给你；但如果你是用信用卡付款的，可能要一周才能收到退款。

在中国，网上购物也非常方便。买的东西很快就能寄到家，而且质量很好，很少有假的。如果网上买的东西寄到了你却不喜欢，也可以在网上退换。

词汇 2　Vocabulary 2

1	购物	gòuwù	*v.*	to go shopping
			n.	shopping
2	首先	shǒuxiān	*adv./pron.*	first of all
3	只要	zhǐyào	*conj.*	only if; so long as
4	其次	qícì	*pron.*	secondly; next
5	打折	dǎzhé	*v.*	to give a discount
6	特价	tèjià	*n.*	special price
7	否则	fǒuzé	*conj.*	otherwise
8	现金	xiànjīn	*n.*	cash
9	付款	fùkuǎn	*v.*	to pay a sum of money 付：to pay　款：fund; money
10	寄	jì	*v.*	to send; to mail
11	质量	zhìliàng	*n.*	quality
12	假	jiǎ	*adj.*	fake; counterfeit
13	却	què	*adv.*	in contrast; however

注释　Notes

一、不错（Not Bad; Pretty Good）

1. 那个电影很不错。
2. 这件红色的衣服样子不错。
3. 王丽唱歌唱得真不错。

二、只要……就……（As Long As ... ; If Only）

“只要……就……”连接一个条件复句，“只要”引出一个必要的条件，“就”后面是这个条件所产生的结果。例如：

“只要……就……” links a conditional complex sentence, in which “只要” introduces the condition, and what follows “就” is the result this condition brings about. For example,

1. 只要东西不影响商店再去卖，就能退换。

2. 只要努力学习，就能学好汉语。

语 法 Grammar

比较句 1（Comparative Sentence 1）

1. 比较三个事物的差别时用：

A 比 B + 形容词，C 比 A + 更 / 还 + 形容词

The sentence is used to show the differences between three persons or things by comparison in the following patterns：

（1）昨天比前天热，今天比昨天更 / 还热。

（2）哥哥比弟弟高，爸爸比哥哥更 / 还高。

（3）熊猫比猫大，马比熊猫更 / 还大。

2. 比较句要表达事物的差别时，用“一点儿”“一些”表示差别不大；用“多了”“得多”表示差别很大。例如：

When we want to tell the differences of things, we use “一点儿” and “一些” for minor difference，use “多了” and “得多” for big difference. For example,

A 比 B + 形容词 + 一点儿 / 一些

（1）今天比昨天热一点儿。

（2）红色的衣服比绿色的厚一些。

A 比 B + 形容词 + 多了 / 得多

（1）西瓜比苹果大多了。

（2）这双皮鞋比那双贵得多。

走近中国 A Touch of China

地摊经济

你喜欢逛地摊或者摆过地摊吗？“地摊”，顾名思义就是把货物摆放在地上或者小货车上进行买卖，是一种小本生意。在地摊上你可以看到各种吃的、用的和穿的东西，价格便宜，种类繁多，但是有时候质量不太好。

地摊一方面活跃了城市的经济，便利了人们的生活，但是另一方面也带来了城市秩序混乱、交通阻塞和食品安全等问题，所以地摊在城市里常常被禁止。

2020 年，新冠疫情缓解之后，“地摊经济”在中国很多地方再次火热了起来，既丰富了市场，也缓解了部分就业压力。

Street Stall Economy

Do you like to go to street stalls or set up street stalls? “Street stall”, as the name implies, is to place goods on the ground or in small trucks for trading on the street, which is a small business. On the street stalls, you can see all kinds of food, tools, clothes, etc. The prices are low and there are many types, but the quality is often not good.

On the one hand, street stalls invigorate the city’s economy and facilitate people’s lives; but on the other hand, they also cause chaos, traffic jams, food safety and other problems, so street stalls are often banned in cities.

In 2020, as the COVID-19 pandemic eases, the “Street Stall Economy” became popular again in many parts of China, which has not only enriched the market, but also lightened part of the employment pressure.

学而时习之 Practice Makes Progress

（一）选词填空（Choose correct words for the blanks）

A. 只要　　B. 合适　　C. 值得　　D. 否则

1. 这个电影很（　　）看。
2. （　　）你能来，我就很满意了。
3. 你穿这件黄色的衣服很（　　）。
4. 你必须有购物小票，（　　）是不能退换的。

（二）连词成句（Form sentences with the words given）

1. 这件衣服　那件　厚　比　一些

____

2. 比　多了　暖和　冬天　春天

____

3. 那个　样子　白色的　不错

____

4. 穿黄色　你穿红色　好看多了　比

____

5. 一般　打折　的东西　退换　可以

____

（三）阅读理解（Read and choose the right option）

很多人喜欢在打折的时候买便宜的衣服，但是没有想过那些衣服是不是适合自己，常常把衣服买回去后，又觉得不合适，还要去商店退换。所以我认为在买东西时价钱不是最重要的，重要的是适合自己。

1. 作者认为便宜的衣服：(　　　)

A. 一定要买　　B. 不应该买　　C. 需要就买　　D. 不一定要买

2. 打折时买的衣服：(　　　)

A. 很值得换　　B. 一定很合适　　C. 必须退换　　D. 可能不适合

(四) 口语练习 (Speaking task)

两位同学一组，介绍下列话题：

1. 用“首先……其次……”介绍怎么去商店退换东西。

2. 用“比”字句比较两个人的衣服。

(五) 看图写句子 (Look at the pictures and write the sentences)

购物

售货员

打折

付款

第三课　一边听音乐一边散步

学习目标 Learning Objectives

1. 掌握体育运动相关词汇

Understand vocabulary related to sports and working out

2. 运用“一边……一边……”表示两个动作同时进行

Use “一边……一边……” to indicate simultaneous actions

课文 1 Text 1

重视体育运动

安娜：欧文，你经常运动吗？

欧文：我经常去体育馆打羽毛球。

安娜：我本来也喜欢打，但最近越来越忙了，没时间打。

欧文：那你平时做什么运动吗？

安娜：我平时喜欢去公园，一边听音乐一边散步。

欧文：散步太轻松了，运动效果不好。你应该多做一些体育活动，比如网球、羽毛球。

安娜：打网球太难了，乒乓球可以吗？

欧文：乒乓球也可以。只要坚持打，都对身体有好处。

安娜：我以前不够重视运动，现在身体没那么好了。

欧文：身体越不好越要锻炼！只要重视，身体就会越来越健康。

安娜：好的，那我们找李明一起打乒乓球吧？

欧文：可以，人越多越热闹！

安娜：太好了！我马上打电话给他。

欧文：好的，我们边走边打。

词汇 1 Vocabulary 1

1	羽毛球	yǔmáoqiú	*n.*	badminton 羽毛：feather 球：ball
2	本来	běnlái	*adv.*	originally
3	平时	píngshí	*n.*	normally; routinely
4	散步	sànbù	*v.*	to take a walk
5	轻松	qīngsōng	*adj.*	relaxing; effortless
6	活动	huódòng	*n.*	activity
7	网球	wǎngqiú	*n.*	tennis
8	乒乓球	pīngpāngqiú	*n.*	Ping-Pong; table tennis
9	坚持	jiānchí	*v.*	to persist; to keep up with
10	好处	hǎochù	*n.*	advantage
11	够	gòu	*v.*	to be adequate; to suffice
12	重视	zhòngshì	*v.*	to attach importance to; to value
13	李明	Lǐ Míng	*n.*	a Chinese name
14	热闹	rènao	*adj.*	bustling with noise and excitement

课文 2 Text 2

养成好的运动习惯

每个人都应该养成好的运动习惯，比如饭后散步、常去锻炼等。虽然要花时间，但是还是值得去做。运动前应该先做一个详细的计划，并且每天按照计划去完成，千万不能“三天打鱼，两天晒网”。

养成好的健身习惯不是件容易的事，坚持是关键。只要坚持锻炼，身体就会越来越健康。但是，我们应该选择符合自己年龄的运动，这样运动效果才会更好。尤其是老年人，要特别重视运动安全，不要参加太难或太危险的体育活动。

希望每个人都能坚持锻炼，让身体更健康。

词汇 2 Vocabulary 2

1	养成	yǎngchéng	*v.*	to form; to develop
2	比如	bǐrú	*v.*	for example; such as
3	详细	xiángxì	*adj.*	detailed; thorough
4	并且	bìngqiě	*conj.*	furthermore; besides
5	按照	ànzhào	*prep.*	according to
6	千万	qiānwàn	*adv.*	however; in any case; no matter what
7	关键	guānjiàn	*n.*	key point; key factor
8	符合	fúhé	*v.*	to be in accordance with
9	年龄	niánlíng	*n.*	age
10	尤其	yóuqí	*adv.*	especially
11	危险	wēixiǎn	*adj.*	dangerous

注释 Notes

三天打鱼，两天晒网 [Go Fishing for Three Days and Dry the Net for Two (Proverb)]

比喻做事时断时续，不能坚持。例如：

It is a figure of speech used to refer to the lack of perseverance in doing something. For example,

1. 运动千万不能"三天打鱼，两天晒网"。

2. 大卫学汉语总是"三天打鱼，两天晒网"。

语　法　Grammar

一、一边……一边……（At the Same Time, Simultaneously）

"一边……一边……"用在动词前表示两种动作同时进行。例如：

"一边……一边……" are used before verbs to indicate that two actions are happening at the same time. For example,

1. 孩子们一边走一边唱。

2. 他一边吃饭，一边看电视。

3. 她喜欢一边听音乐，一边写作业。

二、越……越……（the More ... the More ...）

"越……越……"表示程度随条件变化而变化。例如：

"越……越……" is used to indicate that something changes in degree along with the change of condition. For example,

越 + 动词 + 越 + 形容词 / 动词

1. 雨越下越大了。

2. 人越多越热闹！

3. 你的汉语越说越好了。

4. 这件衣服我越看越喜欢。

走近中国　A Touch of China

中国式锻炼

在中国，人们的锻炼方式多种多样。老年人和年轻人有比较大的差别。

老年人喜欢在公园晨练，比如太极拳、八段锦、五禽戏，或者在广场跳跳舞、唱唱歌。年轻人的锻炼方式比较现代，比如去健身房、户外远足。还有一些人喜欢滑板、攀岩等比较刺激的运动。

在中小学里，除了体育课，学生们还会每天在课间集体做广播体操和眼保健操，动作整齐，成为校园锻炼的一大特色。

随着微信的普及，微信步数也成为一个运动的衡量指标，大家也喜欢彼此点赞来鼓励朋友多多活动。

How Chinese People Exercise

In China, people exercise in many ways. However, there is a big difference between old people and young people.

The elderly like to practise morning exercise in the park, such as playing Tai Chi, baduanjin, wuqinxi, or dancing and singing on the square. Young people's exercise methods are more modern, such as going to the gym, and outdoor hiking. Some people like more exciting sports like skateboarding and rock climbing.

In primary and middle schools, in addition to physical education, students also do radio gymnastics and eye exercises collectively between classes every day. The movements are neat, which has become a major feature of school exercise.

In addition, with the popularity of WeChat, WeChat Steps have also become a measure of exercise. Everyone enjoys sending "likes" to each other to encourage friends to do more activities.

学而时习之 Practice Makes Progress

（一）选词填空（Choose correct words for the blanks）

A. 危险　　B. 本来　　C. 平时　　D. 按照

1. 你（　　）常参加体育活动吗？

2. 高老师（　　）打算去游泳，但后来和我一起去打篮球了。

3.（　　）计划学习会更有效果。

4. 要重视安全，不要参加太（　　）的体育活动。

（二）连词成句（Form sentences with the words given）

1. 大卫　一边散步　一边唱歌　喜欢

____

2. 她的　越好　羽毛球　越打　了

____

3. 你应该　选择　自己年龄　符合　运动　的

____

4. 养成　我们应该　每天运动　习惯　的

____

5. 重视　老人　安全　要　运动

____

（三）阅读理解（Read and choose the right option）

散步是生活中最简单的锻炼。吃完晚饭，和家人一起出去散散步，一边走一边聊天，是一件非常幸福的事情。

1. 作者更喜欢什么运动？（　　）

A. 跑步　B. 聊天　C. 散步　D. 都不喜欢

2. 晚饭后和家人一起散步：（　　）

A. 不如跑步　B. 非常轻松　C. 没有效果　D. 很幸福

（四）口语练习（Speaking task）

两位同学一组，完成一张运动情况调查表。

喜欢的运动	为什么	每周次数	每次时间	效果

（五）看图写句子（Look at the pictures and write the sentences）

羽毛球

____

成功

____

千万

____

养成

____

第四课　这家餐厅又大又干净

学习目标 Learning Objectives

1. 掌握中国饮食和小吃相关词汇

Understand vocabulary related to Chinese cuisine and snacks

2. 运用“又……又……”表示两种状态同时存在

Use “又……又……” to indicate two states exist at the same time

课文 1 Text 1

在中国餐厅

安娜：听说学校门口有一家新开的中国餐厅，菜很好吃。

欧文：中午一起去吧。

安娜：你看，这家餐厅好热闹！

欧文：这家餐厅又大又干净。

安娜：我想要西红柿鸡蛋汤。你想吃什么？

欧文：我们尝尝包子吧，听说这里的包子又大又好吃。

安娜：可以，我们俩点一份就可以了，点两份吃不完太浪费了。

欧文：好的。酸辣汤要吗？又酸又辣，你喜欢这种味道吗？

安娜：点一份尝尝吧。你想喝什么饮料？

欧文：我喝矿泉水就可以。

安娜：好的，我来点菜。

词汇 1 Vocabulary 1

1	餐厅	cāntīng	*n.*	restaurant
2	西红柿	xīhóngshì	*n.*	tomato
3	尝	cháng	*v.*	to taste
4	包子	bāozi	*n.*	stuffed buns
5	俩	liǎ	*num.*	pair; couple
6	份	fèn	*m.*	part; portion
7	浪费	làngfèi	*v.*	to waste
8	酸	suān	*adj.*	sour
9	辣	là	*adj.*	(of taste) spicy; hot
10	汤	tāng	*n.*	soup
11	味道	wèidào	*n.*	flavor; taste
12	矿泉水	kuàngquánshuǐ	*n.*	mineral water 矿：mineral 泉水：spring water

课文 2 Text 2

吃在中国

中国有八大菜系，每一个菜系都有自己的特点。我特别喜欢麻婆豆腐和鱼香肉丝，尤其是鱼香肉丝，又香又辣，好吃极了！

除了八大菜系，中国还有很多有名的小吃，很多城市都有小吃街。如果你来中国旅行，一定要去小吃街逛逛。

上班的人早上喜欢在路上买些小吃做早餐，这样不仅节约时间，还很方便。酸辣汤和包子等都是很有名的小吃。如果你不想做早餐，也不知道买什么吃，可以去喝一碗酸辣汤。

来中国旅行要是不去小吃街，你一定会后悔的。去小吃街不仅可以吃东西，还可以拍很多好看的照片。但要注意，有的地方是禁止照相的。最后，要是你不会用手机付款，一定要带些零钱！

词汇 2　Vocabulary 2

1	菜系 *	càixì	*n.*	cuisine
2	特点	tèdiǎn	*n.*	feature; characteristics
3	麻婆豆腐 *	mápó dòufu	*n.*	stir-fried bean curd in chili sauce
4	鱼香肉丝 *	yúxiāng ròusī	*n.*	fish-flavored shredded pork
5	香	xiāng	*adj.*	fragrant; good-smelling
6	小吃	xiǎochī	*n.*	snacks; refreshment
7	旅行	lǚxíng	*v.*	to travel
8	不仅	bùjǐn	*conj.*	not only
9	节约	jiéyuē	*v.*	to economize; to save
10	后悔	hòuhuǐ	*v.*	to regret
11	禁止	jìnzhǐ	*v.*	to forbid; to prohibit
12	零钱	língqián	*n.*	change

语　法　Grammar

一、又……又……（... and ...）

“又……又……”表示两种状态同时存在。句子只有一个主语，通常放在句首。例如：

“又……又……” indicates that two states exist at the same time. There is only one subject, and it is usually put at the beginning of sentence. For example,

1. 小王的作业做得又快又好。
2. 酸辣汤又酸又辣，很好吃。
3. 大家又说又笑，高兴极了。

二、不仅……还……（Not Only ... But Also ...）

“不仅……还……”连接两个分句，后一个分句比前一个分句意思更进一步。句子中有一个主语，放在句首。例如：

“不仅……还……” connects two clauses, in which the meaning of the latter goes further than the former one, and the sentence has one subject, which is put at the beginning of sentence. For example,

1. 她不仅漂亮，还很聪明。
2. 她不仅是我的同学，还是我的好朋友。
3. 去小吃街不仅可以吃东西，还可以拍很多好看的照片。

走近中国 A Touch of China

节日和小吃

节日 Festivals	小吃名称 Snack name	图片 Picture	简介 Introduction
春节 Spring Festival	饺子 Dumplings		小麦粉做成很薄的面皮，里面包上肉、菜，煮熟或者煎炸。 The wheat flour is made into a thin wrap, with meat and vegetables as fillings, usually boiled or fried.
端午节 Dragon Boat Festival	粽子 Rice dumplings		用粽叶包上糯米、红枣、肉和栗子等材料，蒸熟。 Glutinous rice, red dates, meat, chestnuts and other materials are wrapped with reed leaves, usually steamed.
元宵节 Lantern Festival	汤圆 Glutinous rice balls		用糯米粉做成皮，包裹肉或者花生、芝麻等做成球状，煮熟。有甜、咸之分。 Glutinous rice flour is used as wraps, with meat, peanuts, sesame seeds as fillings. They are either sweet or salty.

续表

节日 Festivals	小吃名称 Snack name	图片 Picture	简介 Introduction
中秋节 Moon Festival	月饼 Moon cake		用面粉和鸡蛋做皮，包裹五仁、枣泥、蛋黄和豆沙等馅料。 Flour and eggs are used as wraps, with nuts dates puree, egg yolk, red bean paste as stuffing.

学而时习之　Practice Makes Progress

（一）选词填空（Choose correct words for the blanks）

A. 不仅　　B. 节约　　C. 餐厅　　D. 禁止

1. 我们要（　　）用水。
2. 先生，对不起，这个地方（　　）拍照。
3. 王老师（　　）长得很漂亮，还很可爱。
4. 这个（　　）真不错，又大又干净。

（二）连词成句（Form sentences with the words given）

1. 小吃　最　我　喜欢　吃

______

2. 小吃　各种各样的　这条街上　卖

______

3. 包子　这里的　听说　又大又好吃

______

4. 吗　尝尝　你不想　酸辣汤

______

5. 禁止　　有的地方　　拍照的　　是

____

（三）阅读理解（Read and choose the right option）

中国有八大菜系，每一个菜系都有自己的特点。我特别喜欢麻婆豆腐和鱼香肉丝，尤其是鱼香肉丝，又香又辣，好吃极了。

1. 根据上文，我们知道中国有几种菜系？（　　）

A. 1 种　　B. 4 种　　C. 6 种　　D 8 种

2. 鱼香肉丝味道怎么样？（　　）

A. 又咸又辣　　B. 又酸又辣　　C. 又甜又辣　　D. 又咸又酸

（四）口语练习（Speaking task）

四位同学一组，每人选一幅图，用“又……又……”说句子，并选择两个句子写下来。

鱼香肉丝

麻婆豆腐

1. ____

2. ____

（五）看图写句子（Look at the pictures and write the sentences）

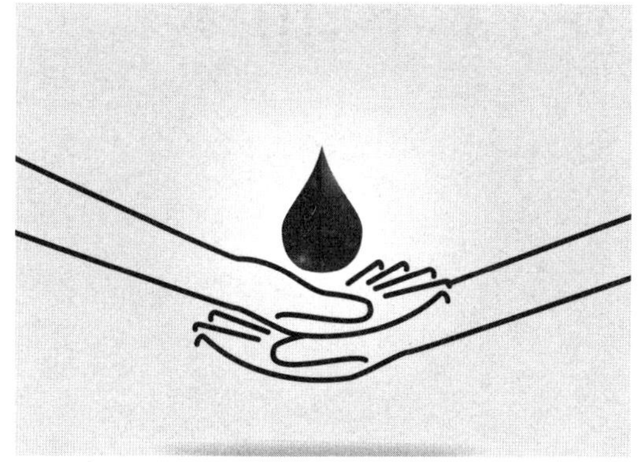

节约

____

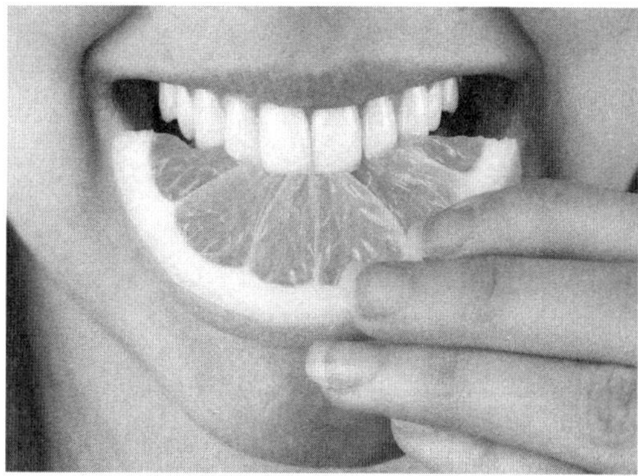

味道

____

小吃街

____

禁止

____

第五课　我和他一样，也想当作家

学习目标 Learning Objectives

1. 掌握兴趣爱好和职业相关词汇
Understand vocabulary related to hobbies and career
2. 运用“A 跟 / 和 B……一样”表示情况或程度相同
Use “A 跟 / 和 B……一样” to indicate similar situation or degree

课文 1 Text 1

爱好和职业选择

安娜：大家好！今天我们一起说说小时候的爱好和现在的职业选择。
张国：大家好！我小时候喜欢看小说和杂志，每天都要读几页。
安娜：您喜欢哪个小说作者？
张国：我最喜欢莫言，他是一位著名作家。小时候我想当作家，没想到学了法律，当了律师。
王文：和张律师一样，我小时候也想当作家。我喜欢一个人看书，现在却当了记者。
安娜：高老师，您呢？您的职业和小时候的兴趣一样吗？
高山：我从来没有想过要当大学老师。小时候我想当警察。
安娜：好的，总结起来，大家的职业和小时候的爱好常常不一样。

词汇 1　Vocabulary 1

1	职业	zhíyè	*n.*	occupation; profession
2	小说	xiǎoshuō	*n.*	novel; fiction
3	杂志	zázhì	*n.*	magazine
4	页	yè	*m.*	page
5	作者	zuòzhě	*n.*	author
6	著名	zhùmíng	*adj.*	famous
7	作家	zuòjiā	*n.*	writer
8	当	dāng	*v.*	to be; to act as
9	法律	fǎlǜ	*n.*	law
10	律师	lǜshī	*n.*	lawyer
11	记者	jìzhě	*n.*	journalist; news reporter
12	警察	jǐngchá	*n.*	policeman; policewoman
13	总结	zǒngjié	*v.*	to summarise; to sum up

课文 2　Text 2

在书店

上周日，我在书店看到一个熟悉的人，是我高中同学张山。我们从毕业后就没见过，大家的变化都很大。

高中时，我们有很多共同的爱好。他和我一样都喜欢弹钢琴，但他弹得比我好多了。那个时候，我觉得他一定会去当音乐老师。我真没想到，他大学没学钢琴，却学了英语。现在他是一位优秀的导游，这几年为公司赚了很多钱。

我印象中他是一个非常害羞的人，性格不太活泼，不怎么跟同学们说话。现在他变得勇敢了，又活泼又幽默，人也更帅了，和以前太不一样了！

词汇 2 Vocabulary 2

1	熟悉	shúxi	*adj.*	familiar
2	共同	gòngtóng	*adj.*	common
3	弹钢琴	tán gāngqín		to play the piano 弹：to play　钢琴：piano
4	优秀	yōuxiù	*adj.*	outstanding; great; superior
5	导游	dǎoyóu	*n.*	tour guide
6	赚	zhuàn	*v.*	to make a profit; to earn
7	印象	yìnxiàng	*n.*	impression; effect; feeling
8	害羞	hàixiū	*adj.*	shy
9	性格	xìnggé	*n.*	personality; temperament
10	活泼	huópō	*adj.*	lively
11	勇敢	yǒnggǎn	*adj.*	brave; courageous
12	幽默	yōumò	*adj.*	humorous; funny
13	帅	shuài	*adj.*	handsome; graceful

注 释 Notes

莫言（Mò Yán）

莫言，原名管谟业，1955 年 2 月 17 日出生于山东高密，2012 年获得诺贝尔文学奖，是第一个获得诺贝尔文学奖的中国籍作家。代表作品有《红高粱》等。

Mo Yan, formerly known as Guan Moye, was born in Gaomi, Shandong province on February 17, 1955. He won the Nobel Prize in 2012 and was the first Chinese writer to win the Nobel Prize in Literature. His representative works are

Red Sorghum and so on.

《红高粱》是一部以抗日战争及 20 世纪三四十年代高密东北乡的民间生活为背景，展现高密人民在抗日战争中的顽强生命力和充满民族精神的经典之作。

Red Sorghum takes the Anti-Japanese War and the folk life of the Northeast Township of Gaomi in the 1930s and 1940s as the background, showing the strong vitality and national spirit of the people of Gaomi in the Anti-Japanese War.

语法 Grammar

比较句 2：A 跟 / 和 B……一样（Comparative Structure 2）

“A 跟 / 和 B……一样”表示两种事物和性状的比较结果是同样或类似的，也可做副词修饰动词或形容词，表示程度相同。否定形式是“A 跟 B……不一样”。例如：

“A 跟 / 和 B……一样” indicates that the comparison of two things or traits is the same or similar. “一样” can be an adverb, used with a verb or an adjective to show the same degree. The negative form is “A跟/和B……不一样”. For example,

1. 他跟我一样，都喜欢弹钢琴。
2. 我和他一样，也想当作家。
3. 我和他不一样，他喜欢喝咖啡，我喜欢喝茶。
4. 她才十二岁就一米六了，差不多和妈妈一样高。

走近中国 A Touch of China

移动支付

来中国生活，出门不用带钱包可以吗？答案是“可以”。不管你是去商场购物，还是去吃饭、看电影；不管你是坐公交车、地铁出行，还是在家点外卖、网购，一部手机就可以搞定。中国已经逐渐进入一个“无现金”时代。

如果你走在大街小巷，可能会发现几乎所有的店铺都会贴一张蓝色和绿色的付款码。顾客付款时，只要打开支付宝或者微信，扫一扫张贴的二维码就可以付款。这种简单便捷的付款方式让人们逐渐改变了使用现金或者银行卡的习惯。除了收付款，支付宝和微信还可以实现多种多样的功能，比如转账、充值、打车或者骑共享单车。

Mobile Payment

To live in China, would it be possible for you to go shopping without a wallet? The answer is "yes". No matter you go shopping in a mall or eat and watch a movie; no matter you want to travel by bus or subway, or to order takeaway or shop online at home, you can do everything with a mobile phone. China has gradually entered a "cashless" era.

If you walk in the streets, you may find that almost all shops have a blue or green payment code. When a customer pays, he can simply open Alipay or WeChat to scan the posted QR code to make the payment. This simple and convenient payment method has gradually changed people's habit of using cash or bank cards. In addition to receiving money and paying bills, Alipay and WeChat can also implement a variety of functions, such as transfers, top-up, taxi rides, or shared bicycles.

学而时习之 Practice Makes Progress

（一）选词填空（Choose correct words for the blanks）

A. 共同　　B. 幽默　　C. 警察　　D. 性格

1. 我妹妹的（　　）很活泼，老师和同学都很喜欢她。

2. 张老师非常（　　），在他的课上学生总是特别开心。

3. 长大后，我想当（　　），因为觉得穿警服很帅。

4. 我跟张明有（　　）的爱好，我们都喜欢弹钢琴。

（二）连词成句（Form sentences with the words given）

1. 和我　　钢琴　　一样好　　弹得　　他

______

2. 一名　　他成了　　导游　　很优秀的

______

3. 我从来　　老师　　没有　　想过当

______

4. 和爱好　　不一样　　职业的　　常常　　选择

______

5. 我小时候　　和杂志　　就喜欢　　看小说

______

（三）阅读理解（Read and choose the right option）

张山是我的高中同学，我们毕业后就没有见过。上周日我在书店遇见他，他的变化很大。以前他和我一样喜欢弹钢琴。我们一起读书时，他性格不太活泼，也不怎么爱说话。但现在他变得不一样了，又帅又幽默，成了一名优秀的导游。

1. 根据上文，可以知道我和张山是：（　　）

A. 同学　　B. 同事　　C. 同乡　　D. 同行

2. 张山现在的职业是：（　　）

A. 钢琴家　　B. 导游　　C. 老师　　D. 明星

（四）口语练习（Speaking task）

两位同学一组，看图用“一样”或“不一样”练习说句子，并选择两个句子写下来。

看书

吃中国菜

弹钢琴

头发

1. ______________________________

2. ______________________________

（五）看图写句子（Look at the pictures and write the sentences）

害羞

____

杂志

____

导游

____

警察

____

第六课　尽管很漂亮，可还是太贵了

学习目标 Learning Objectives

1. 掌握网络购物相关词汇

Understand vocabulary related to online shopping

2. 运用“尽管……”表示转折

Use “尽管……” to express “although”

课文 1 Text 1

安娜买冰箱

售货员：小姐，您好！您想买什么？

安　娜：我想买一台冰箱。

售货员：这台黑色的怎么样？

安　娜：尽管很漂亮，但感觉这台冰箱还是太贵了。

售货员：这台红色的便宜一些，最近打折，只要三千块钱。

安　娜：尽管价格挺便宜的，但不知道质量怎么样？

售货员：您放心。虽然打折，但是这台冰箱质量很好。

安　娜：要是坏了，修理麻烦吗？

售货员：不麻烦。如果一年内出问题，我们会免费帮您修理。

安　娜：好的，那就要这台红色的吧！对了，我还需要买一个沙发。尽管这里的沙发很漂亮，可是我的客厅放不下。

售货员：您可以在我们的网上家具店买小沙发，可以选择合适的价格、大小和颜色，我们会送货到家。

安　娜：谢谢你们。中国的网上购物太方便了！

售货员：麻烦您提供一下送货地址和联系电话。

安　娜：好的，辛苦你们送货了。

售货员：不客气。

词汇 1 Vocabulary 1

1	台	tái	*m.*	classifier for machine or vehicles
2	尽管	jǐnguǎn	*conj.*	although
3	感觉	gǎnjué	*v.*	to feel
4	价格	jiàgé	*n.*	price
5	修理	xiūlǐ	*v.*	to mend; to repair
6	麻烦	máfan	*adj.*	troublesome; inconvenient
			v.	to trouble; to bother
7	沙发	shāfā	*n.*	sofa
8	可是	kěshì	*conj.*	but
9	客厅	kètīng	*n.*	living room 客：guest　厅：hall
10	家具	jiājù	*n.*	furniture 家：home　具：tools; device
11	提供	tígōng	*v.*	to provide; to offer
12	地址	dìzhǐ	*n.*	address
13	联系	liánxì	*v.*	to contact; to connect
14	辛苦	xīnkǔ	*v.*	to go through hardships
			adj.	exhausting; tough ; arduous

课文 2 Text 2

网上购物

随着互联网技术的发展，越来越多的中国人选择上网购物。大家喜欢在网上买东西的原因有很多，比如：网上东西多，价格更便宜，送货速度快。在网上，你几乎可以买到任何想买的东西，比如衣服、手机、电脑和水果等。

现在的购物网站经常打折，尤其是中国最大的购物网站淘宝网。在每年的 11 月 11 号，淘宝网上的东西都会比平时便宜很多。按照你在网上写的地址，东西一般两三天就可以送到家。

尽管在网上可以买到很便宜的东西，但不要以为网上购物就完全没有问题。有时候，在网上购物也可能会遇到不开心的事情，比如寄来的东西和网上看到的不完全一样、买的衣服不适合等，但你不用着急，因为可以退货。

词汇 2 Vocabulary 2

1	随着	suízhe	*prep.*	along with
2	互联网	hùliánwǎng	*n.*	world-wide web; the Internet 互：each other 联：to connect 网：net
3	技术	jìshù	*n.*	technology
4	发展	fāzhǎn	*v.*	to develop
5	原因	yuányīn	*n.*	reason
6	速度	sùdù	*n.*	speed
7	任何	rènhé	*pron.*	any
8	网站	wǎngzhàn	*n.*	website
9	淘宝 *	Táobǎo	*n.*	an E-commerce website
10	以为	yǐwéi	*v.*	to think
11	完全	wánquán	*adv.*	completely
12	开心	kāixīn	*adj.*	happy

注　释 Notes

一、中国购物网站（China's Shopping Websites）

中国的购物网站有淘宝网（www.taobao.com）和京东网（www.jd.com）等。

China's shopping websites are www.taobao.com, www.jd.com, etc.

二、随着（With）

随着的意思是跟着，常用来表示一件事跟着另一件事发生变化。

"随着" means "along with" or "following", indicating that one thing is reacting along with another thing. For example,

1. 随着经济的发展，越来越多的中国学生去国外留学。
2. 随着互联网的发展，越来越多的中国人在网上购物。

三、以为（to Think）

"以为"是动词，常用来表示说话人认为的事情跟事实不符。例如：

"以为" is a verb that indicates that what the speaker believes does not match the facts. For example,

1. 我以为自己是对的，结果又错了。
2. 我以为他是中国人，其实他是泰国人。
3. 麦克以为今天上课，到了教室却发现没有人。

语　法 Grammar

尽管……，（可是 / 但是）……（还是）…… [Although ... , (But) ...]

"尽管"，连词，一般用在复句的前一分句，提出一个事实，后一分句表示转折，常和"可（是）"、"但（是）"、"还（是）"一起使用。例如：

The conjunction "尽管" is usually used in the first clause of a complex sentence to state a fact, often with "可（是）", "但（是）" and "还（是）" in the second one, which indicates a shift in meaning. For example,

1. 这件衣服尽管很漂亮，可还是太贵了。
2. 尽管工作很忙，但是他每天都坚持锻炼身体。
3. 她尽管不太喜欢这台冰箱，可还是买了。

走近中国 A Touch of China

中国速度

在中国生活久了的外国人常常感慨，有一种速度叫“中国速度”，意思是中国在很多方面做事情的速度非常快。

第一，中国基建速度快，网络戏称“基建狂魔”。比如在 2020 年新冠疫情危急的关头，武汉火神山医院在建筑工人日夜不断的抢建之下，实现了 10 天建成的奇迹。第二，高铁速度非常快。中国已建成世界上规模最大、运行速度最快的高铁网络，从北京到上海只需四五个小时。第三，快递速度非常快。网络购物当日达、隔日达都已经非常普及，想吃什么、买什么，快递小哥马上就到。第四，办事速度很快。如果你要去办一张银行卡，或者去医院看病，基本上都可以当天办理，不需要预约。

China Speed

Foreigners who have lived in China for a long time are often impressed by the term “China speed”, which indicates the efficiency of getting things done in many aspects.

Firstly, the speed of infrastructure construction in China is high, and the Internet jokingly calls it “infrastructure master”. For example, at the critical period of the epidemic in 2020, Wuhan Huoshenshan Hospital accomplished the miracle of building a hospital in 10 days under the continuous construction of workers day and night. Secondly, the high-speed rail is very fast. China has built the world’s largest and fastest high-speed rail network. It only takes four to five hours to go from Beijing to Shanghai. Thirdly, the delivery in China is very fast. Online shopping delivery within 24 or 48 hours has become very common. Express delivery will arrive immediately if you want any food or goods. Fourthly, handling things is very fast in China. If you want to apply for a bank card or go to hospital, you can basically get it done on the same day without making an appointment.

学而时习之　Practice Makes Progress

（一）选词填空（Choose correct words for the blanks）

A. 家具　　B. 以为　　C. 质量　　D. 任何

1. 这个商店的（　　）价格都很便宜。
2. 这个手机（　　）不好，才用了一个月就坏了。
3. 他是中国通，关于中国的（　　）问题你都可以问他。
4. 你汉语说得那么好，我还（　　）你是中国人。

（二）连词成句（Form sentences with the words given）

1. 冰箱　　这台　　很好　　质量

____

2. 这件　　衣服的　　太大　　号码

____

3. 哥哥和弟弟的　　性格　　不一样　　完全

____

4. 速度　　开车的　　不安全　　太快了

____

（三）阅读理解（Read and choose the right option）

随着互联网技术的发展，越来越多的人选择在网上购物。在网上，你几乎可以买到任何你想买的东西，比如衣服、手机、电脑、机票和水果等。按照你在网上写的地址，东西两三天就可以送到你家，速度很快。现在的购物网站经常打折，比如中国最大的购物网站淘宝网。每年的 11 月 11 号，淘宝网上的东西会比平时便宜很多。

1. 关于网上购物，下面哪个不对？（   ）

A. 速度很快　　B. 淘宝网是中国最大的购物网站

C. 经常打折　　D. 可以买到任何东西

2. 淘宝网几月几号的东西会比平时便宜很多？（   ）

A. 1 月 1 号　　B. 11 月 11 号　　C. 6 月 6 号　　D. 9 月 9 号

（四）口语练习（Speaking task）

四位同学一组，每人选一张图片，用“尽管……，可是 / 但是……”说句子，并选择两个句子写下来。

开心

手机

爬山

冷

1. ______________________________

2. ______________________________

（五）看图写句子（Look at the pictures and write the sentences）

价格

____

开心

____

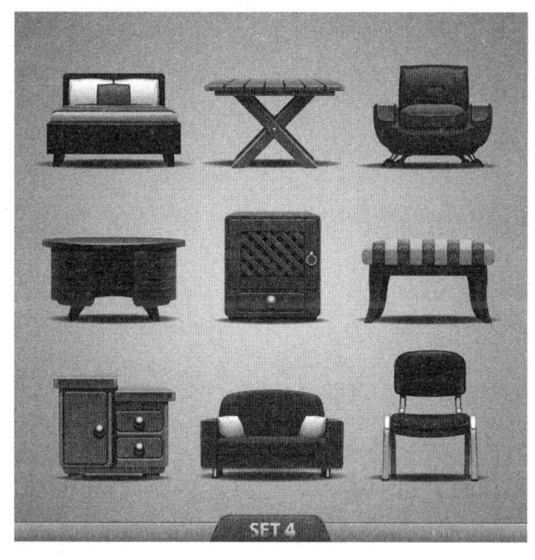

家具

____

逛

____

第七课　我在学校什么都好

学习目标　Learning Objectives

1. 掌握留学生活相关词汇

Understand vocabulary related to studying abroad

2. 运用“什么”“哪儿”等疑问代词表示任指

Use interrogative pronouns to refer to anything, anybody or anywhere

课文 1　Text 1

安娜请李明吃饭

安娜：抱歉啊李明，今天我请你吃饭却迟到了，下次我一定准时到。

李明：没关系，我也才到餐厅不久。

安娜：还要排队啊，你饿不饿？我们要不要换一家？

李明：既然到这儿了，我们就随便吃点吧。听说这家餐厅什么菜都很好吃。

安娜：好的，先看菜单，你想吃什么就点什么。

李明：这个烤鱼不错，可是有点辣，盐也放得比较多，有点咸。

安娜：是吗？那我们再要两杯果汁。

李明：可以！我还想点一份饺子，你还想吃什么？

安娜：听说这里的上海包子比较好吃，可是我担心吃不完。

李明：没事儿，吃不完我们跟服务员要个塑料袋带回家。

安娜：好主意！到我们了，你想坐哪儿？

李明：我坐哪儿都可以。

安娜：来，干杯！
李明：干杯！

词汇 1　Vocabulary 1

1	抱歉	bàoqiàn	*adj.*	sorry; apologetic
2	准时	zhǔnshí	*adj.*	on time; punctual
3	排队	páiduì	*v.*	to line up
4	既然	jìrán	*conj.*	since; as
5	随便	suíbiàn	*adj.*	casual; informal
6	盐	yán	*n.*	salt
7	咸	xián	*adj.*	salty
8	果汁	guǒzhī	*n.*	fruit juice
9	饺子	jiǎozi	*n.*	dumplings
10	塑料袋	sùliàodài	*n.*	plastic bag 塑料：plastic　袋：bag
11	主意	zhǔyi	*n.*	idea
12	干杯	gānbēi	*v.*	to drink a toast; to bottom up

课文 2　Text 2

安娜给老师写邮件

李老师：

您最近好吗？我已经三个月没给您写邮件了。我在上海留学快半年了，我们学校里有很多中国学生和留学生。不管遇到什么问题，大家都十分愿意帮助我。有一次，我的钥匙丢了，很快就有人帮我找到了。

上周末，我去理发了，然后去逛了公园。我在公园看到很多老人在跳舞，跟他们学了几个动作。等下次回国，我可以跳给您看。

现在我越来越喜欢上海了，每天过得都很愉快。没事的时候，我喜欢到处逛逛。上海哪儿都有地铁，交通实在是太方便了，我家到地铁站的距离只有几百米！

我还发现上海什么菜都稍微有点甜，但我很喜欢。您什么都不用担心，我在学校什么都好。我的汉语也越说越好了。

祝您和家人身体健康，天天开心！

安娜

2020 年 7 月 30 日

词汇 2 Vocabulary 2

1	上海 *	Shànghǎi	*n.*	Shanghai
2	不管	bùguǎn	*conj.*	no matter; whether or not
3	十分	shífēn	*adv.*	fully; utterly
4	钥匙	yàoshi	*n.*	key
5	丢	diū	*v.*	to lose
6	理发	lǐfà	*v.*	to get a haircut
7	动作	dòngzuò	*n.*	movement; action; motion
8	愉快	yúkuài	*adj.*	pleasant; joyful
9	到处	dàochù	*adv.*	everywhere
10	交通	jiāotōng	*n.*	traffic
11	实在	shízài	*adv.*	indeed
12	距离	jùlí	*n.*	distance
13	稍微	shāowēi	*adv.*	a little; a bit

注　释 Notes

既然（Since; As）

“既然”作为连词，用于复句的前一分句，表示事实已经这样了，后一分句常常有“就、也、还”等词跟它搭配使用，表示根据前面的事实得出的结论。例如：

“既然” is a conjunction which is used in the first clause of a complex sentence, meaning “since this is the fact now”. The second clause is often used with words such as “就”, “也” and “还”, indicating the conclusion drawn from the situation mentioned. For example,

1. 既然已经来了，我们就随便吃点儿吧。

2. 既然你一定要去，我就和你一起去吧。

3. 你既然不喜欢爬山，为什么还要去？

语　法　Grammar

疑问代词任指（Interrogative Pronouns to Refer to Anything, Anybody or Anywhere）

疑问代词“什么、哪儿、哪、谁、怎么”可以表示任指，常常用在“也”或者“都”前面。例如“什么”可以表示任何一件东西，“谁”可以表示任何人，“哪儿”表示任何地点。例如：

The interrogative pronouns can be used for arbitrary reference. It is often used before “都 / 也” in a sentence. For instance, “什么” refers to anything, “谁” refers to anybody and “哪儿” refers to anywhere. For example,

1. 有你在我身边，我什么也不担心。

2. 我们班谁都没有去过北京。

3. 到了夏天，我哪儿都不想去，只想在图书馆学习汉语。

走近中国　A Touch of China

吃火锅

火锅是中国人非常喜欢的一道美食，有很多种类。在中国比较流行的火锅有四川火锅、老北京火锅和潮汕牛肉火锅。

吃火锅的锅很有讲究。如果是四川火锅，常常分为鸳鸯锅或者九宫格的样式。如果是老北京火锅，则是采用铜炉。鸳鸯锅里的汤常常一边是红油，一边是清汤，适合不同人的口味。四川火锅的底料常常是非常辣的。相比之下，老北京火锅和潮汕牛肉锅就没有那么辣。火锅食材多种多样，有肉类，有蔬菜。人们一般是把生的食材放在汤里煮熟，然后蘸佐料来吃。

Having Hotpot

Hotpot is a delicacy that Chinese people like very much. There are many kinds of hotpot. The relatively popular ones in China are Sichuan hotpot, traditional Beijing hotpot and Chaoshan beef hotpot.

When having hotpot, you need to use special pots. If it is Sichuan hotpot, we often use double-flavor pot or the Trellis-style pot. If it is traditional Beijing hotpot, a copper stove is often used. The soup in the double-flavor pot often has red oil soup on the one side and clear soup on the other, to suit different tastes. The soup bottom of Sichuan hotpot is usually very spicy. In contrast, the traditional Beijing hotpot and Chaoshan beef hotpot are not so spicy. There are many kinds of hotpot ingredients, including meat and vegetables. Generally, raw ingredients are cooked in the soup and then eaten with dipping sauce.

学而时习之　Practice Makes Progress

（一）选词填空（Choose correct words for the blanks）

A. 随便　　B. 既然　　C. 咸　　D. 抱歉

1. 非常（　　），我下午可能会迟到。
2. 你（　　）这么喜欢画画儿，就去学吧。
3. 我想马上喝水，因为刚才吃的菜太（　　）了。
4. 这些中文书你可以（　　）借，下个月还回来就好了。

（二）连词成句（Form sentences with the words given）

1. 吃　　我们　　吧　　点儿　　随便

____

2. 超过三年　　联系　　我们　　了　　没有

____

3. 什么　　这里　　没有　　好吃的　　特别

____

4. 都　　谁　　张老师　　喜欢

____

5. 送去　　我　　车　　修理了　　把

____

（三）阅读理解（Read and choose the right option）

我今天和朋友去了一家中国餐厅，点了麻婆豆腐、烤鱼、饺子和包子。麻婆豆腐很香，烤鱼也特别好吃，但是有点儿咸。这家餐厅什么菜都好吃，我想下次再去试试酸辣汤。

1. 烤鱼的味道怎么样？（　　）

A. 咸　　B. 香　　C. 酸

2. "我"下次想去试试什么菜？（　　）

A. 西红柿鸡蛋汤　　B. 麻婆豆腐　　C. 酸辣汤

（四）口语练习（Speaking task）

五位同学一组合作，练习疑问代词任指，例如：

学生 1：我们组有五个同学，我没去过中国；

学生 2：我没去过中国；

学生 3：我也没去过中国；

学生 4：我也没去过中国；

学生 5：我也没去过中国，我们组谁都没去过中国。

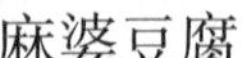

麻婆豆腐

鱼香肉丝

水煮鱼

学生 1：我们今天吃了三个菜，有麻婆豆腐、鱼香肉丝和水煮鱼；

学生 2：麻婆豆腐很好吃；

学生 3：鱼香肉丝也很好吃；

学生 4：水煮鱼也很好吃；

学生 5：今天什么菜都很好吃。

请各组分别用“谁、什么、哪儿、什么时候”说一组句子。

（五）看图写句子（Look at the pictures and write the sentences）

排队

____

干杯

____

动作

____

脏

____

第八课　中国人用筷子吃饭

学习目标 Learning Objectives

1. 掌握饮食习惯相关词汇

Understand vocabulary related to dining habits

2. 运用连动句表示动作的方式或目的

Use two or more verbs to indicate the manner or purpose of an action

课文 1 Text 1

适应中国的生活

李明：欧文，你来中国多长时间了？

欧文：大概半年了。

李明：现在适应中国的生活了吗？

欧文：刚开始我非常不适应，经常心情不好。

李明：你有什么不习惯的地方？

欧文：我不习惯使用筷子，我们国家的人喜欢用刀、叉子和勺子。

李明：在中国，你要学会怎么用筷子吃饭。

欧文：是的，于是我每次吃饭时都向中国同学们请教。在他们的帮助下，我慢慢地学会了用筷子，重新找回了好心情。

李明：你最近还有什么不习惯的地方吗？

欧文：最近在外面吃饭的时候，朋友们都不用现金付款了。但我还是不习惯用手机付款，觉得有点不安全。

李明：别担心，用手机付款时需要密码，一般不会出问题。

欧文：好的，那我学一学怎么用手机付款。

李明：你最好用一个复杂一点儿的密码，就更安全了。

欧文：好的，谢谢！

词汇 1 Vocabulary 1

1	大概	dàgài	*adv.*	probably; likely
2	适应	shìyìng	*v.*	adjust; adapt; fit
3	心情	xīnqíng	*n.*	mood
4	使用	shǐyòng	*v.*	to use
5	刀	dāo	*n.*	knife
6	叉子	chāzi	*n.*	fork (HSK 5 Word)
7	勺子	sháozi	*n.*	spoon
8	于是	yúshì	*conj.*	as a result; therefore
9	重新	chóngxīn	*adv.*	once again
10	密码	mìmǎ	*n.*	password; PIN
11	最好	zuìhǎo	*adv.*	should better do as suggested
12	复杂	fùzá	*adj.*	complicated; complex

课文 2 Text 2

在中国的生活经历

今天我想谈一谈我在中国的生活经历。

刚来中国时，我很不适应这里的生活，因为中国人的生活习惯和我们有很大区别。

中国人喜欢用筷子吃饭，但是我们国家的人往往用刀和叉子。我发现中国饭馆普遍不提供刀叉。我刚开始连筷子都不会用，真的很不习惯。一想到要在中国生活四年，我不得不学习使用筷子。

中国和我们国家的吃饭习惯也不太相同。中国人一般是一日三餐，但我们喜欢少吃多餐。后来，我发现中国菜有“八大菜系”，每个菜系的菜都十分好吃。只要会用筷子，就能吃到更多的中国菜。于是，我改变了自己的习惯，使用筷子的能力也越来越强了，及时适应了中国的生活。

我特别希望大家有机会来中国走一走，看一看，尝一尝中国菜。我保证你会爱上中国！

词汇 2　Vocabulary 2

1	谈	tán	*v.*	to talk; to discuss
2	经历	jīnglì	*n.*	experience
			v.	to go through; to experience
3	区别	qūbié	*n.*	difference
4	往往	wǎngwǎng	*adv.*	usually; in many cases
5	普遍	pǔbiàn	*adj.*	universal; general
6	连	lián	*prep.*	even (used for emphasis)
7	不得不	bùdébù		must; have to
8	相同	xiāngtóng	*adj.*	same
9	改变	gǎibiàn	*v.*	to change; to vary
10	能力	nénglì	*n.*	ability
11	强	qiáng	*adj.*	strong
12	及时	jíshí	*adv.*	in time
13	保证	bǎozhèng	*v.*	to guarantee; to ensure

注　释　Notes

连（Indicates Emphasis）

“连”表示强调，常用“连……也/都……”结构。说话人通过强调一项极端的例子来说明另一种情况。“连”的后边，可以是主语。例如：

“ 连 ”is often used in the structure “连……也/都……” for emphasis. The speaker explains another kind of situation by emphasizing an extreme case. The noun following “连” can be the subject. For example,

1. 刚开始，我很不适应这里的生活，连筷子都不会用。

2. 连他的名字我都不知道，怎么能谈得上了解呢?

3. 我最近很忙，连星期日也不能休息。

语 法 Grammar

连动句（Sentences With Serial Verb Phrases）

两个或两个以上动词或动词词组用在同一个句子里，作同一个主语的谓语，这样的动词谓语句叫连动句。例如：

A sentence in which two or more verbs or verbal constructions are used as the predicate of the same subject is called a sentence with verbal constructions in series. For example,

A. 表示动作 / 行为的方式（how to do something/ how something is done）

1. 中国人使用筷子吃饭。

2. 我们用汉语聊天儿。

3. 他们坐飞机去北京。

B. 表达动作 / 行为的目的：“去 / 来 +（什么地方）+ 做什么”[indicates the purpose of an action: “go to/come to + (a place) + to do something”]

1. 我去超市买东西。

2. 我来中国学汉语。

3. 他明天去北京考试。

走近中国 A Touch of China

中餐餐桌礼仪

在中国的宴席上，人们喜欢围坐在圆桌上吃饭，象征着一家人团团圆圆。在座次上也颇为讲究，最受尊敬的人一般坐在“上座”。“上座”指面向房间门的位置，入席时也往往有“尚左尊东”的礼仪。入席后，一般由主人先敬酒，大家才开始吃饭。

中餐的上菜顺序一般是：冷盘，热菜，最后上汤和甜品。所有的菜品都是大家共同食用的，一般用公筷夹菜。中国人最常用的餐具是筷子。在使用筷子的时候，注意不要敲筷子、舞动筷子，也不要把筷子插在米饭上。

Table Manners in China

At Chinese banquets, people usually sit on round tables to dine, which symbolizes the reunion of a family. The seating arrangements are quite particular in that the most respected people usually sit in the “top seat”, which often refers to the position facing the door. And it is often the case that the left seat is more respected than the right one. At the beginning of the banquet, the host usually proposes a round of toast first before everyone starts to eat.

The order of serving Chinese food is as follows: cold dishes, hot dishes, and finally soup and desserts. All the dishes are shared by everyone, usually with public chopsticks. The most commonly used tableware for Chinese is chopsticks. When using chopsticks, be careful not to knock on the chopsticks, wave the chopsticks, or insert the chopsticks vertically into the rice.

学而时习之 Practice Makes Progress

(一)选词填空(Choose correct words for the blanks)

A. 大概　　B. 使用　　C. 重新　　D. 普遍

1. 学的专业和找的工作没有关系，这种情况越来越(　　)。

2. 我去火车站，(　　)多长时间能到？

3. 今天的作业你写得不对，请（　　）写一遍。

4. 你先看一下洗衣机的（　　）说明，再用它洗衣服。

（二）连词成句（Form sentences with the words given）

1. 保证　爱上　我　你会　中国的生活

____

2. 重新　我要　新的　适应　饮食习惯

____

3. 生活　这里的　适应　吗　你　了

____

4. 普遍　刀　不提供　饭馆　叉子　和

____

5. 筷子　他们　吃饭　习惯　用

____

（三）阅读理解（Read and choose the right option）

中国人普遍使用筷子吃饭，这个习惯和我们国家是有区别的，我们习惯用刀、叉子和勺子吃饭。中国饭馆和我们国家的餐厅也不太一样。在中国，饭馆一般不提供刀叉，而西餐厅都提供刀叉。

1. 中国人常用什么吃饭？（　　）

A. 叉子　B. 勺子　C. 筷子　D. 刀

2. “我们”国家习惯用什么吃饭？（　　）

A. 叉子　B. 筷子　C. 刀　D. 刀、叉子和勺子

（四）口语练习（Speaking task）

到一个新的地方旅游或生活，会发现那里跟自己一直生活的地方生活习惯不一样。请用下面的词，向你的小组介绍一下有什么区别，以及你是怎么适应的，并选择两个句子写下来。

A. 适应　　B. 区别

C. 不习惯　D. 连……也/都……

1. ____________________

2. ____________________

（五）看图写句子（Look at the pictures and write the sentences）

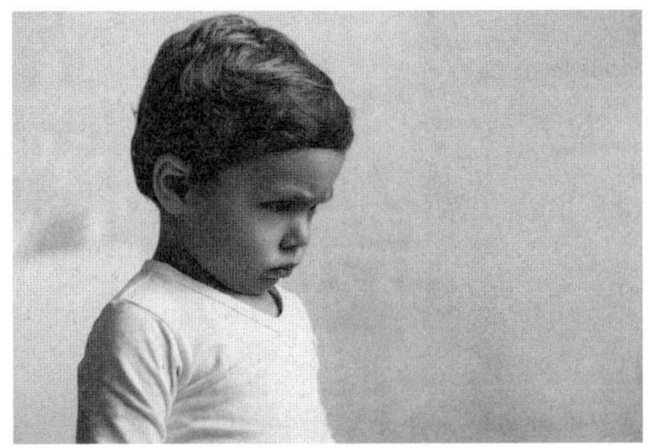

心情

____

保证

____

经历

____

提供

____

第九课　楼下停着一辆红色的车

学习目标 Learning Objectives

1. 掌握搬家相关词汇

Understand vocabulary related to moving house

2. 运用“地点 + 动词 + 着 + NP”表示静态的存在

Use “地点 + 动词 + 着 + NP” to express stable existence

课文 1 Text 1

安娜搬家

安娜：欧文，麻烦你了，周末还来帮我搬家。

欧文：没事儿，朋友就应该互相帮助。我的皮鞋要脱吗？

安娜：要脱，你可以穿袜子进来。

欧文：你的房间真干净，不脏也不乱，东西也不多。

安娜：你看桌上放着一个包，都是我已经收拾好的东西。

欧文：这个小盒子里放着一些橡皮，还要吗？

安娜：那些橡皮都不能用了，扔到厨房的垃圾桶里吧。

欧文：好，我们开始搬东西吧。楼下停着一辆红色的车，是我的，车上还挂着我的帽子。

安娜：好的，这个大包稍微有点儿重，我们一起搬吧！

欧文：没事儿，我一个人就可以。

安娜：那辛苦你了！

欧文：不客气！

词汇 1　Vocabulary 1

1	互相	hùxiāng	*adv.*	mutually; each other
2	脱	tuō	*v.*	to take off (shoes or clothes)
3	袜子	wàzi	*n.*	socks; stockings
4	脏	zāng	*adj.*	dirty; filthy
5	乱	luàn	*adj.*	messy; chaotic
6	收拾	shōushi	*v.*	to put in order; to clear away
7	盒子	hézi	*n.*	box; casket
8	橡皮	xiàngpí	*n.*	eraser
9	扔	rēng	*v.*	to throw away
10	厨房	chúfáng	*n.*	kitchen
11	垃圾桶	lājītǒng	*n.*	trashcan; bin 垃圾：rubbish　桶：bucket
12	停	tíng	*v.*	to pause; to park
13	挂	guà	*v.*	to hang (items in a place)

课文 2　Text 2

安娜的新家

这是我新租的房子，客厅放着一棵小树，特别漂亮。尽管房租有点儿贵，但我还是接受了。因为这个房子实在太好了，就在上海市中心。我的新家到学校的距离不超过 3 公里，骑自行车只需要 15 分钟左右，同学们来我家玩儿特别方便。

我很喜欢整理和收拾新家，我最近把厨房里的东西都排列好了。窗户旁边的大镜子是上周刚买的。有了这面镜子，我的客厅看起来更大了。我每天都把镜子擦得很干净，我习惯照一照镜子，稍微打扮打扮再出门。你们喜欢我的新家吗？

词汇 2 Vocabulary 2

1	租	zū	*v.*	to rent
2	棵	kē	*m.*	classifier for trees, cabbages, plants, etc.
3	接受	jiēshòu	*v.*	to accept
4	超过	chāoguò	*v.*	to surpass; to exceed
5	公里	gōnglǐ	*m.*	kilometers
6	左右	zuǒyòu	*n.*	around; or so
7	整理	zhěnglǐ	*v.*	to put in order
8	排列	páiliè	*v.*	to arrange
9	窗户	chuānghu	*n.*	window
10	镜子	jìngzi	*n.*	mirror
11	擦	cā	*v.*	to wipe
12	照	zhào	*v.*	to look into the mirror
13	打扮	dǎban	*v.*	to dress up; to make up

语法 Grammar

"存在"的表达：地点 + 动词 + 着 + NP（Expression of "Existence": 地点 + 动词 + 着 + NP）

"地点 + 动词 + 着 + NP"表示某个地方存在某人或某物，其中动词一般是"放、住、挂、写"等，NP 表示具体而不确定的人或物，在 NP 前常常有表示数量的词，如"几个人""一幅画"，但不能指确定的人或事物，如"高老师""王小姐"。例如：

The structure "地点 + 动词 + 着 + NP" indicates that there is someone or something in a place, in which the verb is generally "放", "住", "挂" and "写",

etc. NP means random people or things, and it often has a word for quantity before the NP. But NP cannot refer to certain people or things such as "高老师" and "王小姐". For example,

地点	动词 + 着	NP
桌上	放着	几本书。
我家楼上	住着	两位老师。

否定形式：地点 + 没 + 动词 + 着 + NP，NP 前面不加数量词。

The negative form of this structure is: "地点 + 没 + 动词（着）+ NP". There is no measure word before the NP.

地点	没	动词（着）	NP
桌上	没	放（着）	书。
我家楼上	没	住（着）	老师。

走近中国 A Touch of China

港珠澳大桥

港珠澳大桥是中国境内的一个连接香港、广东珠海和澳门的桥隧工程，全长 55 公里，位于中国广东省珠江口。它于 2009 年开工建设，于 2018 年 10 月 24 日开通运营。

大桥通车后，珠海、澳门同香港的车程由 3 小时缩短到了半小时，将港、珠、澳三地连成一体，形成了一小时生活圈。港珠澳大桥能抗击 16 级台风、8 级地震，设计使用寿命长达 120 年。

截至 2018 年 10 月，港珠澳大桥是世界上里程最长、沉管隧道最长、寿命最长、施工难度最大、技术含量最高、科学专利最多和投资金额最高的跨海大桥。

The Hong Kong–Zhuhai–Macao Bridge

The Hong Kong-Zhuhai-Macao Bridge is a bridge and tunnel project in China that connects Hong Kong, Zhuhai (Guangdong) and Macao. It is 55 kilometers long and is located at the mouth of the Pearl River in Guangdong province, China. The construction started in 2009 and it was open for traffic on October 24, 2018.

After the opening of the bridge, the journey between Zhuhai, Macao and Hong Kong was shortened from three hours to half an hour, while connecting Hong Kong, Zhuhai and Macao into one giant area, within which a one-hour living circle is made. The Hong Kong-Zhuhai-Macao Bridge can withstand typhoons of magnitude 16 and earthquakes of magnitude 8, with a designed service life of up to 120 years.

Up to October 2018, the Hong Kong-Zhuhai-Macao Bridge is the longest cross-sea bridge with the longest mileage, the longest immersed tube tunnel, the longest service life, the most challenging construction project, the state-of-the-art technique, the most scientific patents and the largest investment in the world.

学而时习之 Practice Makes Progress

（一）选词填空（Choose correct words for the blanks）

A. 互相　B. 乱　C. 麻烦　D. 稍微

1. 我的房间一点儿也不（　　）。
2. 这是我们第一次见面，（　　）都不了解。
3. 今天真是（　　）你了，非常感谢！
4. 这个菜（　　）咸了点儿，少放点儿盐就好了。

（二）连词成句（Form sentences with the words given）

1. 挂　门上　钥匙　着　一把

____

2. 收拾　很　得　房间　干净

____

3. 朋友　　帮助　　互相　　应该

____

4. 放　　本子上　　没　　橡皮　　着

____

5. 帮忙　　还有　　要　　什么　　吗

____

（三）阅读理解（Read and choose the right option）

很多中国人认为结婚的时候一定要买房子。如果租房子，经常搬家会很麻烦。要是有孩子，租房子住会更不方便。但是现在很多城市的房价都很高，所以很多年轻人也会选择先租房子，工作一段时间后再买房子。

1. 很多中国人认为结婚的时候要做什么？（　　）

A. 租房子　　B. 搬家　　C. 生孩子　　D. 买房子

2. 为什么现在很多年轻人也会选择租房子？（　　）

A. 搬家麻烦　　B 租房方便　　C. 房价很高　　D. 不想买房

（四）口语练习（Speaking task）

五位同学一组，每位同学都画出自己的房间，房间里最少要有四样家具，然后互相用"地点 + 动词 + 着 + NP"说说卧室里有什么。

（五）看图写句子（Look at the pictures and write the sentences）

收拾

____

擦

____

乱

打扮

第十课　我们坐了两个小时飞机

学习目标 Learning Objectives

1. 掌握报名参加旅行团的相关词汇

Understand vocabulary related to signing up for a tour group

2. 运用时量补语表示动作的持续时长

Use complement of duration to indicate the continuation of an action

课文 1 Text 1

报名参加旅行团

客服：您好！这里是“去哪儿网”，请问您有什么需要？

马丽：你好！我在网上看到你们的广告，请问还有下个月去哈尔滨的旅游团吗？

客服：有的，我们每个月至少有一个乘坐飞机去哈尔滨的团，从北京出发。如果您感兴趣，可以在网上报名。

马丽：嗯，我很感兴趣，但我看到“去哪儿网”的规定说“请先联系客服”。

客服：是的，我们需要您先提供一些信息，比如：护照上的名字、国籍、签证信息等。

马丽：我叫 Mary Green，美国人，学生签证，到 2022 年 12 月 31 号。

客服：好的，我知道了。谢谢！您可以去网上报名了。

马丽：太好了，我可以带一个小孩吗？我儿子五岁。

客服：可以，1 米 2 以下的儿童免费。请问您还有什么问题吗？

马丽：好的，我儿子正好 1 米高。没有问题了，谢谢！
客服：不客气，祝您生活愉快！

词汇 1　Vocabulary 1

1	客服 *	kèfú	*n.*	customer service 客：guests　服：to serve
2	马丽	Mǎ Lì	*n.*	a Chinese name
3	广告	guǎnggào	*n.*	advertisement; commercial
4	团	tuán	*n.*	group (of tourists) (HSK5 Word)
5	至少	zhìshǎo	*adv.*	at least
6	乘坐	chéngzuò	*v.*	to take a ride
7	出发	chūfā	*v.*	to set out; to start (one's journey)
8	报名	bàomíng	*v.*	to register; to sign up for
9	规定	guīdìng	*v.*	set, stipulate
			n.	regulation; rule
10	信息	xìnxī	*n.*	information
11	国籍	guójí	*n.*	nationality
12	签证	qiānzhèng	*n.*	visa
13	儿童	értóng	*n.*	child; children
14	正好	zhènghǎo	*adj.*	just right; just enough
			adv.	just in time; happen to

课文 2　Text 2

去哈尔滨旅行

我是美国人，两年前坐了二十个小时的飞机来到北京学中文。去年暑假，我报了一个去哈尔滨的旅游团，带儿子一起去那儿玩了几天。

报名的时候我以为旅游团的出发地点是学校，可是出发前才知道是在首都国际机场。当时我们坐公交车已经来不及了，只好打了出租车去机场。可是没想到遇到了大雨，光是在高速公路上我们就堵了三个小时的车。

到机场后，我和儿子用了半个小时才找到导游，卫生间都没来得及去。我们差一点儿没赶上飞机，大家急得出了很多汗。

坐了两个多小时飞机后，我们顺利到了哈尔滨，开始了五天四晚的旅行。

词汇 2　Vocabulary 2

1	暑假	shǔjià	*n.*	summer vacation
2	地点	dìdiǎn	*n.*	place; site
3	首都	shǒudū	*n.*	capital city
4	国际	guójì	*n.*	international
5	当时	dāngshí	*n.*	at that time
6	来不及	lái bují	*v.*	it's too late to
7	光	guāng	*adv.*	merely; only
8	高速公路	gāosù gōnglù	*n.*	expressway 高：high　速：speed 公：public　路：road
9	堵车	dǔchē	*v.*	to get congested 堵：to block up　车：vehicle
10	卫生间	wèishēngjiān	*n.*	toilet; bathroom; lavatory 卫生：hygiene　间：room
11	来得及	lái dejí	*v.*	there's enough time to
12	赶	gǎn	*v.*	to catch up with
13	汗	hàn	*n.*	sweat

注 释 Notes

一、去哪儿网

“去哪儿网”成立于 2005 年，目前是全球最大的中文在线旅行网站，帮助游客们预订机票、房间和旅游团等。

Founded in 2005, www.qunar.com is the world’s largest travel website where tourists can book tickets, rooms and tours in Chinese language.

二、“来得及”和“来不及”（There’s Enough Time to & It’s Too Late to）

“来得及”指时间够用，可以赶上做某事，否定形式是“来不及”，例如：

“来得及” means that there is enough time for somebody to do something. “来不及” indicates that it is too late for somebody to do something. For example,

1. 银行五点半关门。现在已经五点了，我去银行还来得及吗？
2. 还有一个小时飞机就要起飞了，你现在去机场估计来不及了。
3. 早上我的起床闹钟没响，现在我来不及赶校车去学校了。

三、差（一）点儿（Almost; Nearly）

副词，在句中做状语。

It is an adverb that functions as adverbial in a sentence.

（一）如果是说不好的事情，表示几乎发生但其实没有发生，有庆幸的意思。后面的动词用肯定或否定，意思都一样，都表示没有发生。例如：

If the thing is undesirable, the word is used to indicate that it almost happened but in fact it is not, and includes the meaning of being fortunate. The verbs after the phrase can be affirmative or negative forms, and they have the same meaning: things never happened. For example,

1. 昨天早上，我差点儿迟到 / 我差点儿没迟到。（都是说没有迟到）

2. 他差点儿摔倒了 / 他差点儿没摔倒。（都是说没有摔倒）

（二）如果是说好的事情，后面的动词用否定式时，表示最后实现了，有庆幸的意思，动词后面用肯定式时，表示最后没有实现，有惋惜、遗憾的意思。

If the thing is desirable, verbs after the phrase can be negative or affirmative forms. The negative form shows the thing happened in the end, and contains the meaning of rejoicing. The affirmative form shows the thing didn' t happen, and includes the meaning of pity and regret.

1. 我差点儿没赶上公交车。（赶上了）

2. 他差点儿就赶上公交车了。（没赶上）

语法 Grammar

时量补语（The Complement of Duration）

时量补语表示动作行为或状态持续的时间，比如“十分钟、半小时、一天、一个星期、五个月、两年”等。时量补语总是位于谓语动词之后。重复使用动词时，不论宾语是人还是物，时量补语都放在第二个动词之后。例如：

The complement of duration indicates the continuation of action over a period of time, e.g. ten minutes, half an hour, a day, a week, five months, two years etc. The complement of duration always goes after the predicate verb. When repeating the verb, the complement of duration is placed after the second verb. For example,

1. 我听了一小时音乐。
2. 他看电视看了一天。
3. 我们找了你半天。

A Touch of China

福建土楼

如果你有机会到福建旅游，一定不要错过被列为“世界文化遗产”的福建土楼。福建土楼最早是客家人为躲避战乱而建的楼群，所以又被称为“客家土楼”。一个家族的几百人同在一座土楼内生活，场面十分壮观。

土楼形成于宋元时期，至今已有千年历史了。土楼的建筑风格独特，有圆形、方形和四边形等，甚至在南靖县还形成了形似“四菜一汤”的建筑群，远远望去像四个圆“盘子”围着一个方“盘子”。建造土楼时往往就地取材，多用土、沙石、竹木，甚至用红糖、糯米等夯实。全楼不用一根钢筋铁钉，却能够屹立百年。电影《大鱼海棠》和《花木兰》里的中国建筑就是福建土楼。

Fujian Tulou

If you have the opportunity to travel to Fujian, don’t miss the Fujian Tulou, which is listed as a “World Cultural Heritage”. Fujian Tulou is a group of traditional Chinese homes built by the Hakka people to escape the war, therefore it is also called “Hakka Tulou”. Hundreds of people from a large family live in the same building, and the scene is quite spectacular.

Tulou was built in the Song and Yuan dynasties and it has a history of a thousand years. The architectural style of the Tulou is unique, such as round, square, quadrilateral, etc. Even in Nanjing County, a building group resembling “four dishes and one soup” has been formed, which looks like four round plates surrounding a square plate. When building the Tulou, local materials is often used, including soil, sand, stone, bamboo and wood, or even brown sugar, glutinous rice, etc. to compact it. The whole building can last at least a hundred years without a steel nail. Fujian Tulou appeared as one of the representative Chinese architectures in the movies *Big Fish and Begonia* and *Mulan*.

学而时习之 Practice Makes Progress

（一）选词填空（Fill in the blanks with the correct answers）

A. 报名　　B. 规定　　C. 堵车　　D. 来不及

1. 你好！我想（　　）参加这个三天的旅游团。
2. 每次坐公交车出门，我最怕遇到（　　）。
3. 学生来学校要穿校服，你不知道这个（　　）吗？
4. 火车还有半小时就开了，现在去火车站已经（　　）了。

（二）连词成句（Form sentences with the words given）

1. 联系　客服　我们　请　一下

____

2. 小孩　带一个　吗　我　可以

____

3. 车　三小时　今天　堵了　我们

____

4. 我们　十几分钟　导游　跑了　才找到

____

（三）阅读理解（Read and choose the right option）

哈尔滨是中国北部的一个城市。因为哈尔滨的冬天很长，天气很冷，常常下大雪，所以又称"冰城"。每年冬天都有很多人来这儿旅游，有中国人，也有外国人。游客们在这里可以滑冰、滑雪，还可以吃到很多小吃。

1. 根据上文，我们知道哈尔滨在中国的哪里？（　　）

A. 东部　　B. 南部　　C. 西部　　D. 北部

2. 根据上文，我们知道哈尔滨又叫什么？（　　）

A. 春城　　B. 冰城　　C. 山城　　D. 雪乡

（四）口语练习（Speaking task）

1. 看图，选择合适的时长，说两个句子。

2. 介绍一次自己的旅行经历。

坐火车

游泳

学汉语

吃饭

20 分钟　　两个小时

三年　　一天

1. ______________________________

2. ______________________________

（五）看图写句子（Look at the pictures and write the sentences）

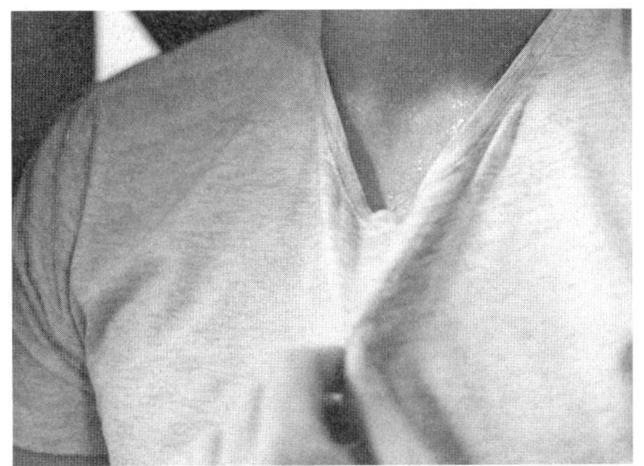

出汗

____

堵车

____

高速公路

____

广告

____

第十一课　我把地址记错了

学习目标 Learning Objectives

1. 掌握参观郊区景点相关词汇

Understand vocabulary related to sightseeing in the suburb

2. 运用“A 把 B+ 动词 + 结果补语”表示 A 对 B 的动作结果

Use “A 把 B+ 动词 + 结果补语” to indicate the outcome of an action to B by A

课文 1 Text 1

欧文迷路了

安娜：欧文，你到哪儿了？我们都到葡萄园了，聚会要开始了。

欧文：我好像迷路了，不知道在哪儿。

安娜：啊？你看到葡萄树了吗？

欧文：我一棵葡萄树也没看到。

安娜：那你周围有什么楼或植物吗？

欧文：我周围有很多大树，像个小森林，不过没有楼。

安娜：小心森林里面有老虎！

欧文：别开玩笑了！葡萄园到底在哪儿？

安娜：别着急，你手机上存了我发的地址吗？

欧文：没存，我把地址记错了。你快把地址再发给我一下。

安娜：好的，我刚才用短信把地址发给你了。

欧文：谢谢，看到短信了！我马上到。

词汇 1　Vocabulary 1

1	迷路	mílù	*v.*	to get lost; to lose one's way
2	葡萄	pútao	*n.*	grape
3	聚会	jùhuì	*n.*	meeting; get-together
4	好像	hǎoxiàng	*adv.*	as if; seem; look like
5	周围	zhōuwéi	*n.*	surrounding
6	植物	zhíwù	*n.*	plant
7	森林	sēnlín	*n.*	forest
8	不过	búguò	*conj.*	but; however
9	老虎	lǎohǔ	*n.*	tiger
10	开玩笑	kāi wánxiào		to joke
11	到底	dàodǐ	*adv.*	on earth
12	存	cún	*v.*	to store; to keep
13	短信	duǎnxìn	*n.*	text message 短：short　信：message

课文 2　Text 2

参观郊区葡萄园

上个周末，安娜邀请我和朋友们去参观了一个郊区的葡萄园。我太笨了，竟然没存地址短信，还把地址记错了。不过后来安娜又用短信把地址发给我了，我很快就找到了葡萄园。

那天上午阳光特别好，我们一边吃葡萄，一边看郊区的景色。葡萄园里的空气非常新鲜，葡萄的叶子又多又绿。

吃完葡萄，我们来到葡萄园里的咖啡厅，一边喝咖啡一边聊天。下午，我们把咖啡都喝完了，还是不想离开，想继续在那里看美丽的景色。

葡萄园的生活很舒服，我们都很羡慕在那儿工作的人。我的爸爸妈妈肯定也喜欢中国郊区的景色，希望明年有机会带他们去参观。

词汇 2 Vocabulary 2

1	邀请	yāoqǐng	*v.*	to invite
2	参观	cānguān	*v.*	to visit
3	郊区	jiāoqū	*n.*	suburbs; outskirts
4	笨	bèn	*adj.*	foolish; stupid
5	阳光	yángguāng	*n.*	sunshine; sunlight
6	景色	jǐngsè	*n.*	scenery; view
7	空气	kōngqì	*n.*	air
8	叶子	yèzi	*n.*	leaf
9	继续	jìxù	*v.*	to continue
10	美丽	měilì	*adj.*	beautiful
11	羡慕	xiànmù	*v.*	to admire
12	肯定	kěndìng	*adv.*	certainly; surely

语法 Grammar

A 把 B + 动词 + 结果补语（A *ba* B + *v.* + Resultant Complement）

汉语中，用“A 把 B + 动词 + 结果补语”结构来表达确定的人或事物产生的某种结果。例如：

The structure “A 把 B + 动词 + 结果补语” can be used to indicate an action which is done on a definite person or thing and has brought forth a certain result. For example,

1. 姐姐把衣服洗干净了。
2. 我把头发剪短了。

3. 弟弟把作业做完了。

A 把 B	动词	结果补语
姐姐把衣服	洗	干净了
我把头发	剪	短了
弟弟把作业	做	完了

走近中国　A Touch of China

中国茶馆

从唐代开始，中国就出现了茶馆。和喜欢泡在咖啡馆里的年轻人不一样，中老年人可能更喜欢去茶馆喝茶，听相声或者打麻将。茶馆一定程度上是社会发展的一个小缩影，现代文学家老舍有一篇著名的话剧作品就叫做《茶馆》。

茶馆具有地域性，不同地方的茶馆各具特色。茶馆比较有代表性的城市有北京、成都、杭州和广州。如果你到了这些地方旅游，不妨去体验一下不同的茶馆文化。北京的茶馆往往具有浓厚的传统文化特点，在这里可以看京剧、相声和大鼓等曲艺表演。成都的茶馆则非常生活化，一般是在公园摆几把竹椅，可以下棋、打麻将，甚至还有掏耳朵等服务。在杭州，茶馆则比较精致，茶景交融。如果到了广州，茶馆往往被称为茶楼。除了喝茶，各式各样的广式点心也是茶楼的一大特色。

Chinese Teahouse

Since Tang Dynasty, teahouses had appeared in China. Rather than enjoying cafes like young people today, middle-aged and elderly people may prefer to go to teahouses to drink tea, listen to cross-talks or play mahjong. To a certain extent, the tea house is a miniature of social development. The modern Chinese writer Lao She has a famous play called *The Tea House*.

Teahouses are regional, and teahouses in different places showcase distinct characteristics. Representative cities for teahouses are Beijing, Chengdu,

Hangzhou and Guangzhou. If you travel to these places, you might as well experience different teahouse cultures. Teahouses in Beijing often have strong traditional cultural characteristics, where you can watch Beijing Opera, cross-talk, drums and other opera performances. Teahouses in Chengdu are very life-like, usually with a few bamboo chairs in the park, you can play chess, mahjong, and even experience services such as ear picking. In Hangzhou, teahouses are more exquisite with a blend of tea sceneries. If you go to Guangzhou, teahouses are often called tea buildings. In addition to drinking tea, various Cantonese dim sums are served as a major feature of teahouses there.

学而时习之 Practice Makes Progress

（一）选词填空（Choose correct words for the blanks）

A. 好像　　B. 到底　　C. 参观　　D. 邀请　　E. 羡慕

1. 小王（　　）我明天去参加她的生日聚会。
2. 明天我和两个朋友要去博物馆（　　）。
3. 大家都很（　　）住在葡萄园的人。
4. 这个电影我（　　）看过，它的名字叫《功夫熊猫》。
5. 你（　　）要吃什么，快告诉我！

（二）连词成句（Form sentences with the words given）

1. 把　　安娜　　打扫　　房间　　干净了

____

2. 他　　在　　迷路了　　昨天　　森林里

____

3. 景色　　这里的　　美丽　　非常

____

4. 我们　　来　　参加　　邀请　　老师　　聚会

____

（三）阅读理解（Read and choose the right option）

上个周末，安娜邀请我们去参观一个葡萄园。葡萄园在郊区，那里有很多植物。我们在葡萄园的咖啡厅里坐着聊天。我们先把咖啡喝完了，然后又把葡萄吃光了，最后大家都不想离开。我们很羡慕在葡萄园生活和工作的人。

1. 根据上文，我们知道葡萄园在哪里？（　　）

A. 城市里　　B. 郊区　　C. 森林　　D. 学校

2. “我”觉得葡萄园的生活怎么样？（　　）

A. 无聊　　B. 不开心　　C. 舒服　　D. 简单

（四）口语练习（Speaking task）

下图是马丽的家。上图是没有打扫过的房间，下图是打扫过的房间。请用“A 把 B+ 动词 + 结果补语”句型说一说两张图片有什么不一样，并完成后面的表格。

A 把 B	动词	结果补语
马丽把垃圾	打扫	干净了
		正了
	擦	

（五）看图写句子（Look at the pictures and write the sentences）

聚会

景色

参观

整理

第十二课　他去过两次北京

学习目标 Learning Objectives

1. 掌握毕业就业相关词汇

Understand vocabulary related to job hunting after graduation

2. 运用动量补语表示动作发生的次数

Use complement of frequency to indicate the times an action occurred

课文 1 Text 1

毕业找工作

安娜：欧文，马上要毕业了，你打算找什么工作？

欧文：我打算换个城市，去北京找工作。

安娜：为什么要换城市？我感觉上海的环境和气候更好。

欧文：我去了两次北京后就爱上那儿了。尽管很喜欢在上海留学，但我更想去首都工作。

安娜：我也去过两趟北京，不过我还是更喜欢经济中心上海。

欧文：其实我去北京还有一个原因，北京工作机会多。有个大使馆最近在招聘翻译，我准备应聘。你呢？

安娜：你肯定没问题，我记得你每次课文都翻译得特别好。我硕士刚毕业，打算在上海继续读汉语专业博士。

欧文：太棒了！我寒假一定要来上海看你，正好再把有名的上海菜都吃一遍！

安娜：好啊！欢迎！

词汇 1 Vocabulary 1

1	气候	qìhòu	*n.*	climate
2	趟	tàng	*m.*	classifier to indicate a round trip
3	经济	jīngjì	*n.*	economy
4	大使馆	dàshǐguǎn	*n.*	embassy
5	招聘	zhāopìn	*v.*	to recruit
6	翻译	fānyì	*v.*	to translate
			n.	translator; interpreter
7	应聘	yìngpìn	*v.*	to apply for a job
8	硕士	shuòshì	*n.*	Master's degree
9	专业	zhuānyè	*n.*	major
10	博士	bóshì	*n.*	Doctor's Degree
11	棒	bàng	*adj.*	excellent
12	寒假	hánjià	*n.*	winter vacation
13	遍	biàn	*m.*	classifier to indicate an action completed from beginning to end

课文 2 Text 2

开始了解中国

没来中国以前，我以为中国人都会功夫。来了中国，我才真正开始了解中国和中国人。黄河是中国的母亲河，长江是中国最长的河。中国有 56 个民族，超过 90% 的中国人都是汉族。中国有 34 个省，其中人口最多的省是广东省。

北京和上海是中国最著名的两个城市。北京距离上海一千多公里，交通很方便，乘坐飞机一个多小时就到了。去北京旅行，一定要去听一次京剧，爬一趟长城，吃一次烤鸭。去上海旅行，一定要去一趟东方明珠，吃一次上海的包子。北方人一般更喜欢吃饺子。尤其是过春节，很多北方人都要包饺子吃。

词汇 2　Vocabulary 2

1	功夫	gōngfu	*n.*	Kung Fu
2	真正	zhēnzhèng	*adj.*	genuine; true; real
			adv.	really
3	母亲	mǔqīn	*n.*	mother
4	长江	Cháng Jiāng	*n.*	Yangtze river 长：long　江：river
5	民族	mínzú	*n.*	nationality
6	省	shěng	*n.*	province
7	其中	qízhōng	*n.*	among them
8	京剧	jīngjù	*n.*	Peking Opera
9	长城	Chángchéng	*n.*	Great Wall 长：long　城：wall
10	烤鸭	kǎoyā	*n.*	roast duck 烤：to roast; to bake　鸭：duck
11	东方明珠 *	Dōngfāng Míngzhū	*n.*	Pearl of the Orient
12	春节 *	Chūnjié	*n.*	Spring Festival

语　法　Grammar

动量补语（Complement of Frequency）

主语 + 动词 + 过 / 了 + 动量补语 +（宾语）

动量补语表示动作或活动发生的次数。例如：

“动量补语” indicates the number of times an action or activity occurred. Its general structure is as follows: subject + verb + predicate (过 / 了) +complement of frequency + (object). For example,

1. 她去了三趟美国。
2. 我把这本书看了两遍。
3. 我吃过一次北京烤鸭。

走近中国 A Touch of China

厦门大学帮助宁夏脱贫

除了北京、上海这样的大城市，中国也有很多欠发达的地区。中国的发展强调“共同富裕”，注重发达省市对偏远地区的对口扶贫工作。

福建是位于中国东南部的一个省，厦门是位于福建东南部的一个经济特区。厦门大学在定点扶贫工作上积极探索，取得了可喜成效。从 1999 年起，厦门大学开始选派优秀本科毕业生到宁夏支教。支教队积极发动社会力量，募集助学资金 800 多万元，帮助近万名辍学儿童重返校园。厦门大学每年招收 70 余名宁夏籍学生，支持宁夏大学的科研合作和学科建设。自 2012 年年底与宁夏隆德县建立定点扶贫结对关系以来，厦门大学主动融入中国脱贫攻坚大局，帮助宁夏发展经济，在学校食堂开设“隆德县特色食品窗口”，积极推销宁夏农产品，广受师生欢迎。

2019 年 4 月，隆德县已经不再是贫困县，但是厦门大学没有停止对宁夏的支持。2020 年是中国决胜脱贫攻坚战、全面建成小康社会的收官之年。2021 年 4 月，厦门大学将迎来百年校庆，还将继续在教育、经济等领域对宁夏提供全面帮助。

Xiamen University assisted Ningxia to get out of Poverty

In addition to big cities like Beijing and Shanghai, there are also many under-developed areas in China. China’s development highlights “common prosperity” which focuses on the poverty alleviation work from developed provinces and cities to remote areas.

Fujian Province is located in southeast China, and Xiamen is a special economic zone located in southeast Fujian. Xiamen University has actively explored targeted poverty alleviation work and achieved gratifying results. Since 1999, Xiamen University began to recruit outstanding undergraduate students to teach in Ningxia. The teaching support team raised more than 8 million yuan in funding to help nearly 10000 dropout children return to school. Xiamen University enrolls more than 70 students from Ningxia every year and supports Ningxia University in terms of scientific research and academic development. Since the establishment of a targeted poverty alleviation partnership with Longde County in Ningxia at the end of 2012, Xiamen University has actively integrated into the overall situation of China's poverty alleviation to help Ningxia develop its economy. In addition, Xiamen University actively promotes Ningxia agricultural products by opening the "Longde County Special Food Window" in the university cafeteria, which is widely welcomed by teachers and students.

In April 2019, Longde County was no longer a poor county, but Xiamen University has not ceased to support Ningxia. 2020 is the final year for China to win the battle against poverty and build a moderately prosperous society in all respects. In April 2021, Xiamen University will celebrate its centenary and will continue to provide comprehensive assistance to Ningxia in fields not limited to education and economy.

学而时习之　Practice Makes Progress

（一）选词填空（Choose correct words for the blanks）

A. 真正　　B. 继续　　C. 民族　　D. 招聘

1. 这个学校最近在（　　）老师。
2. 我打算（　　）在中国读博士。
3. 中国有 56 个（　　）。
4. 什么才是你（　　）想要的东西？

（二）连词成句（Form sentences with the words given）

1. 黄河　母亲河　中国的　是

____

2. 哪个城市　你　打算去　工作

____

3. 春节　节日　最重要的　是中国人

____

4. 大卫　很好　乒乓球　打得

____

5. 电影　五次　看了　他　这个

____

（三）阅读理解（Read and choose the right option）

很多外国人以为每个中国人都会功夫，中国人天天吃饺子。其实在中国，不是每个人都会功夫，中国人也不是每天都吃饺子。春节是中国人最重要的节日，北方人一般在春节时吃饺子。

1. 中国人最重要的节日是什么？（　　）

A. 中秋节　B. 儿童节　C. 春节　D. 老人节

2. 根据短文，下面哪句话不对？（　　）

A. 北方人春节吃饺子。　B. 春节是中国人最重要的节日。

C. 不是每个中国人都会功夫。　D. 中国人天天吃饺子。

（四）口语练习（Speaking task）

四位同学一组，每人选一幅图，用“主语 + 动词 + 过 / 了 + 动量补语 +（宾语）”说句子，并选择两个句子写下来。

1. ______________________________

2. ______________________________

（五）看图写句子（Look at the pictures and write the sentences）

翻译

____

首都

____

报名

招聘

词汇总表

生词	拼音	词类	释义	课文
			A	
安娜	Ānnà	*n.*	Anna (name)	L1.1
按时	ànshí	*adv.*	on time; on schedule	L1.2
按照	ànzhào	*prep.*	according to	L3.2
			B	
棒	bàng	*adj.*	excellent	L12.1
报名	bàomíng	*v.*	to register; to sign up for	L10.1
抱歉	bàoqiàn	*adj.*	sorry; apologetic	L7.1
保证	bǎozhèng	*v.*	to guarantee; to ensure	L8.2
包子	bāozi	*n.*	stuffed buns	L4.1
笨	bèn	*adj.*	foolish; stupid	L11.2
本来	běnlái	*adv.*	originally	L3.1
遍	biàn	*m.*	classifier to indicate an action completed from beginning to end	L12.1
并且	bìngqiě	*conj.*	furthermore; besides	L3.2
比如	bǐrú	*v.*	for example; such as	L3.2
毕业	bìyè	*v.*	to graduate	L1.2
博士	bóshì	*n.*	Doctor's Degree	L12.1
不得不	bùdébù		must; have to	L8.2
不管	bùguǎn	*conj.*	no matter; whether or not	L7.2
不过	búguò	*conj.*	but; however	L11.1
不仅	bùjǐn	*conj.*	not only	L4.2

续表

生词	拼音	词类	释义	课文
			C	
擦	cā	*v.*	to wipe	L9.2
菜系 *	càixì	*n.*	cuisine	L4.2
参观	cānguān	*v.*	to visit	L11.2
餐厅	cāntīng	*n.*	restaurant	L4.1
尝	cháng	*v.*	to taste	L4.1
长城	Chángchéng	*n.*	Great Wall 长：long　城：wall	L12.2
长江	Cháng Jiāng	*n.*	Yangtze river 长：long　江：river	L12.2
超过	chāoguò	*v.*	to surpass; to exceed	L9.2
叉子	chāzi	*n.*	fork (HSK5 Word)	L8.1
成功	chénggōng	*v.*	to succeed	L1.1
		adj.	successful	
乘坐	chéngzuò	*v.*	to take a ride	L10.1
重新	chóngxīn	*adv.*	once again	L8.1
抽烟	chōuyān	*v.*	to smoke	L1.2
窗户	chuānghu	*n.*	window	L9.2
出发	chūfā	*v.*	to set out; to start (one's journey)	L10.1
厨房	chúfáng	*n.*	kitchen	L9.1
春节 *	Chūnjié	*n.*	Spring Festival	L12.2
从来	cónglái	*adv.*	right from the beginning; always	L2.1
存	cún	*v.*	to store; to keep	L11.1
			D	
打扮	dǎban	*v.*	to dress up; to make up	L9.2
大概	dàgài	*adv.*	probably; likely	L8.1
大夫	dàifu	*n.*	doctor (in general)	L1.2

续表

生词	拼音	词类	释义	课文
当	dāng	*v.*	to be; to act as	L5.1
当时	dāngshí	*n.*	at that time	L10.2
刀	dāo	*n.*	knife	L8.1
到处	dàochù	*adv.*	everywhere	L7.2
到底	dàodǐ	*adv.*	on earth	L11.1
导游	dǎoyóu	*n.*	tour guide	L5.2
大使馆	dàshǐguǎn	*n.*	embassy	L12.1
打折	dǎzhé	*v.*	to give a discount	L2.2
打针	dǎzhēn	*v.*	to give or have an injection	L1.2
地点	dìdiǎn	*n.*	place; site	L10.2
丢	diū	*v.*	to lose	L7.2
地址	dìzhǐ	*n.*	address	L6.1
东方明珠	Dōngfāng Míngzhū	*n.*	Pearl of the Orient	L12.2
动作	dòngzuò	*n.*	movement; action; motion	L7.2
短信	duǎnxìn	*n.*	text message 短：short 信：message	L11.1
堵车	dǔchē	*v.*	to get congested 堵：to block up 车：vehicle	L10.2

E

生词	拼音	词类	释义	课文
儿童	értóng	*n.*	child; children	L10.1

F

生词	拼音	词类	释义	课文
法律	fǎlǜ	*n.*	law	L5.1
方法	fāngfǎ	*n.*	method; way; approach	L1.1
翻译	fānyì	*v.*	to translate	L12.1
		n.	translator; interpreter	
发展	fāzhǎn	*v.*	to develop	L6.2

续表

生词	拼音	词类	释义	课文
份	fèn	*m.*	part; portion	L4.1
否则	fǒuzé	*conj.*	otherwise	L2.2
符合	fúhé	*v.*	to be in accordance with	L3.2
付款	fùkuǎn	*v.*	to pay a sum of money 付：to pay 款：fund; money	L2.2
复杂	fùzá	*adj.*	complicated; complex	L8.1
			G	
改变	gǎibiàn	*v.*	to change; to vary	L8.2
赶	gǎn	*v.*	to catch up with	L10.2
干杯	gānbēi	*v.*	to drink a toast; to bottom up	L7.1
感觉	gǎnjué	*v.*	to feel	L6.1
高速公路	gāosù gōnglù	*n.*	expressway 高：high 速：speed 公：public 路：road	L10.2
功夫	gōngfu	*n.*	Kung Fu	L12.2
公里	gōnglǐ	*m.*	kilometers	L9.2
共同	gòngtóng	*adj.*	common	L5.2
够	gòu	*v.*	to be adequate; to suffice	L3.1
购物	gòuwù	*n.*	shopping	L2.2
		v.	to go shopping	
挂	guà	*v.*	to hang (items in a place)	L9.1
光	guāng	*adv.*	merely; only	L10.2
广告	guǎnggào	*n.*	advertisement; commercial	L10.1
关键	guānjiàn	*n.*	key point; key factor	L3.2
规定	guīdìng	*n.*	regulation; rule	L10.1
顾客	gùkè	*n.*	customer	L2.1
国籍	guójí	*n.*	nationality	L10.1

续表

生词	拼音	词类	释义	课文
国际	guójì	*n.*	international	L10.2
果汁	guǒzhī	*n.*	fruit juice	L7.1
H				
害羞	hàixiū	*adj.*	shy	L5.2
汗	hàn	*n.*	sweat	L10.2
寒假	hánjià	*n.*	winter vacation	L12.1
好处	hǎochù	*n.*	advantage	L3.1
好像	hǎoxiàng	*adv.*	as if; seem; look like	L11.1
合适	héshì	*adj.*	suitable; appropriate	L2.1
盒子	hézi	*n.*	box; casket	L9.1
厚	hòu	*adj.*	thick	L2.1
后悔	hòuhuǐ	*v.*	to regret	L4.2
互联网	hùliánwǎng	*n.*	world-wide web; the Internet 互：each other　联：to connect　网：net	L6.2
活动	huódòng	*n.*	activity	L3.1
活泼	huópō	*adj.*	lively	L5.2
互相	hùxiāng	*adv.*	mutually; each other	L9.1
J				
寄	jì	*v.*	to send; to mail	L2.2
假	jiǎ	*adj.*	fake; counterfeit	L2.2
加班	jiābān	*v.*	to work overtime	L1.2
价格	jiàgé	*n.*	price	L6.1
家具	jiājù	*n.*	furniture 家：home　具：tools; device	L6.1
坚持	jiānchí	*v.*	to persist; to keep up with	L3.1
建议	jiànyì	*v.*	to suggest; to advise	L1.1
		n.	suggestion; advice	

续表

生词	拼音	词类	释义	课文
郊区	jiāoqū	*n.*	suburbs; outskirts	L11.2
交通	jiāotōng	*n.*	traffic	L7.2
饺子	jiǎozi	*n.*	dumplings	L7.1
基础	jīchǔ	*n.*	foundation; base; basis	L1.1
接受	jiēshòu	*v.*	to accept	L9.2
节约	jiéyuē	*v.*	to economize; to save	L4.2
计划	jìhuà	*n.*	plan	L1.1
		v.	to plan to do something	
警察	jǐngchá	*n.*	policeman; policewoman	L5.1
经济	jīngjì	*n.*	economy	L12.1
京剧	jīngjù	*n.*	Peking Opera	L12.2
经历	jīnglì	*n.*	experience	L8.2
		v.	to go through; to experience	
竟然	jìngrán	*adv.*	unexpectedly	L1.1
景色	jǐngsè	*n.*	scenery; view	L11.2
尽管	jǐnguǎn	*conj.*	although	L6.1
镜子	jìngzi	*n.*	mirror	L9.2
禁止	jìnzhǐ	*v.*	to forbid; to prohibit	L4.2
既然	jìrán	*conj.*	since; as	L7.1
及时	jíshí	*adv.*	in time	L8.2
技术	jìshù	*n.*	technology	L6.2
继续	jìxù	*v.*	to continue	L11.2
记者	jìzhě	*n.*	journalist; news reporter	L5.1
聚会	jùhuì	*n.*	meeting; get-together	L11.1
距离	jùlí	*n.*	distance	L7.2

续表

生词	拼音	词类	释义	课文
			K	
开玩笑	kāi wánxiào		to joke	L11.1
开心	kāixīn	*adj.*	happy	L6.2
烤鸭	kǎoyā	*n.*	roast duck 烤：to roast; to bake　鸭：duck	L12.2
棵	kē	*m.*	classifier for trees, cabbages, plants, etc.	L9.2
客服 *	kèfú	*n.*	customer service 客：guests　服：to serve	L10.1
肯定	kěndìng	*adv.*	certainly; surely	L11.2
可是	kěshì	*conj.*	but	L6.1
咳嗽	késou	*v.*	to cough	L1.2
客厅	kètīng	*n.*	living room 客：guest　厅：hall	L6.1
空气	kōngqì	*n.*	air	L11.2
矿泉水	kuàngquánshuǐ	*n.*	mineral water 矿：mineral　泉水：spring water	L4.1
			L	
辣	là	*adj.*	(of taste) spicy; hot	L4.1
来不及	lái bují	*v.*	it's too late to	L10.2
来得及	lái dejí	*v.*	there's enough time to	L10.2
垃圾桶	lājītǒng	*n.*	trashcan; bin 垃圾：rubbish　桶：bucket	L9.1
浪费	làngfèi	*v.*	to waste	L4.1
老虎	lǎohǔ	*n.*	tiger	L11.1
俩	liǎ	*num.*	pair; couple	L4.1
连	lián	*prep.*	even (used for emphasis)	L8.2
联系	liánxì	*v.*	to contact; to connect	L6.1
理发	lǐfà	*v.*	to get a haircut	L7.2

续表

生词	拼音	词类	释义	课文
厉害	lìhai	*adj.*	serious; terrible; awesome	L1.2
李明	Lǐ Míng	*n.*	a Chinese Name	L3.1
零钱	língqián	*n.*	change	L4.2
乱	luàn	*adj.*	messy; chaotic	L9.1
律师	lǜshī	*n.*	lawyer	L5.1
旅行	lǚxíng	*v.*	to travel	L4.2
			M	
麻烦	máfan	*adj.*	troublesome; inconvenient	L6.1
		v.	to trouble; to bother	
马丽	Mǎ Lì	*n.*	a Chinese name	L10.1
麻婆豆腐 *	mápó dòufu	*n.*	stir-fried bean curd in chili sauce	L4.2
美丽	měilì	*adj.*	beautiful	L11.2
免费	miǎnfèi	*adj.*	free	L2.1
迷路	mílù	*v.*	to get lost; to lose one's way	L11.1
密码	mìmǎ	*n.*	password; PIN	L8.1
民族	mínzú	*n.*	nationality	L12.2
母亲	mǔqīn	*n.*	mother	L12.2
			N	
内	nèi	*n.*	within; inside	L2.1
能力	nénglì	*n.*	ability	L8.2
年龄	niánlíng	*n.*	age	L3.2
暖和	nuǎnhuo	*adj.*	warm	L2.1
			O	
欧文	Ōuwén	*n.*	Owen (name)	L1.1
			P	
排队	páiduì	*v.*	to line up	L7.1

续表

生词	拼音	词类	释义	课文
排列	páiliè	*v.*	to arrange	L9.2
乒乓球	pīngpāngqiú	*n.*	Ping-Pong; table tennis	L3.1
平时	píngshí	*n.*	normally; routinely	L3.1
普遍	pǔbiàn	*adj.*	universal; general	L8.2
葡萄	pútao	*n.*	grape	L11.1
		Q		
其次	qícì	*pron.*	secondly; next	L2.2
气候	qìhòu	*n.*	climate	L12.1
其中	qízhōng	*n.*	among them	L12.2
千万	qiānwàn	*adv.*	however; in any case; no matter what	L3.2
签证	qiānzhèng	*n.*	visa	L10.1
强	qiáng	*adj.*	strong	L8.2
轻	qīng	*adj.*	light; gentle	L1.2
轻松	qīngsōng	*adj.*	relaxing; effortless	L3.1
区别	qūbié	*n.*	difference	L8.2
却	què	*adv.*	in contrast; however	L2.2
		R		
热闹	rènao	*adj.*	bustling with noise and excitement	L3.1
扔	rēng	*v.*	to throw away	L9.1
任何	rènhé	*pron.*	any	L6.2
日记	rìjì	*n.*	diary; journal 日：day　记：to record; to remember	L1.2
		S		
散步	sànbù	*v.*	to take a walk	L3.1
森林	sēnlín	*n.*	forest	L11.1
沙发	shāfā	*n.*	sofa	L6.1

续表

生词	拼音	词类	释义	课文
上海 *	Shànghǎi	*n.*	Shanghai	L7.2
稍微	shāowēi	*adv.*	a little; a bit	L7.2
勺子	sháozi	*n.*	spoon	L8.1
省	shěng	*n.*	province	L12.2
生活	shēnghuó	*v.*	to live	L1.2
		n.	life	
十分	shífēn	*adv.*	fully; utterly	L7.2
适合	shìhé	*v.*	to suit; to fit	L2.1
适应	shìyìng	*v.*	adjust; adapt; fit	L8.1
使用	shǐyòng	*v.*	to use	L8.1
实在	shízài	*adv.*	indeed	L7.2
首都	shǒudū	*n.*	capital city	L10.2
售货员	shòuhuòyuán	*n.*	shop assistant; sales rep 售：to sell 货：goods 员：employee	L2.1
收拾	shōushi	*v.*	to put in order; to clear away	L9.1
首先	shǒuxiān	*adv./ pron.*	first of all	L2.2
帅	shuài	*adj.*	handsome; graceful	L5.2
暑假	shǔjià	*n.*	summer vacation	L10.2
顺利	shùnlì	*adj.*	smooth; without a hitch	L1.1
硕士	shuòshì	*n.*	Master's degree	L12.1
熟悉	shúxi	*adj.*	familiar	L5.2
酸	suān	*adj.*	sour	L4.1
速度	sùdù	*n.*	speed	L6.2
随便	suíbiàn	*adj.*	casual; informal	L7.1
随着	suízhe	*prep.*	along with	L6.2

续表

生词	拼音	词类	释义	课文
塑料袋	sùliàodài	*n.*	plastic bag 塑料：plastic　袋：bag	L7.1

T

生词	拼音	词类	释义	课文
台	tái	*m.*	classifier for machine or vehicles	L6.1
谈	tán	*v.*	to talk; to discuss	L8.2
趟	tàng	*m.*	classifier to indicate a round trip	L12.1
汤	tāng	*n.*	soup	L4.1
弹钢琴	tán gāngqín		to play the piano 弹：to play　钢琴：piano	L5.2
淘宝 *	Táobǎo	*n.*	an E-commerce website	L6.2
特点	tèdiǎn	*n.*	feature; characteristics	L4.2
特价	tèjià	*n.*	special price	L2.2
提供	tígōng	*v.*	to provide; to offer	L6.1
挺	tǐng	*adv.*	very; quite; pretty	L2.1
停	tíng	*v.*	to pause; to park	L9.1
团	tuán	*n.*	group (of tourists) (HSK5 Word)	L10.1
退	tuì	*v.*	to give back; to return (HSK5 Word)	L2.1
脱	tuō	*v.*	to take off (shoes or clothes)	L9.1

W

生词	拼音	词类	释义	课文
网球	wǎngqiú	*n.*	tennis	L3.1
往往	wǎngwǎng	*adv.*	usually; in many cases	L8.2
网站	wǎngzhàn	*n.*	website	L6.2
完全	wánquán	*adv.*	completely	L6.2
袜子	wàzi	*n.*	socks; stockings	L9.1
味道	wèidào	*n.*	flavor; taste	L4.1
卫生间	wèishēngjiān	*n.*	toilet; bathroom; lavatory 卫生：hygiene　间：room	L10.2

续表

<table>
<tr><th>生词</th><th>拼音</th><th>词类</th><th>释义</th><th>课文</th></tr>
<tr><td>危险</td><td>wēixiǎn</td><td>adj.</td><td>dangerous</td><td>L3.2</td></tr>
<tr><td colspan="5">X</td></tr>
<tr><td>咸</td><td>xián</td><td>adj.</td><td>salty</td><td>L7.1</td></tr>
<tr><td>香</td><td>xiāng</td><td>adj.</td><td>fragrant; good-smelling</td><td>L4.2</td></tr>
<tr><td>橡皮</td><td>xiàngpí</td><td>n.</td><td>eraser</td><td>L9.1</td></tr>
<tr><td>相同</td><td>xiāngtóng</td><td>adj.</td><td>same</td><td>L8.2</td></tr>
<tr><td>详细</td><td>xiángxì</td><td>adj.</td><td>detailed; thorough</td><td>L3.2</td></tr>
<tr><td>现金</td><td>xiànjīn</td><td>n.</td><td>cash</td><td>L2.2</td></tr>
<tr><td>羡慕</td><td>xiànmù</td><td>v.</td><td>to admire</td><td>L11.2</td></tr>
<tr><td>小吃</td><td>xiǎochī</td><td>n.</td><td>snacks; refreshment</td><td>L4.2</td></tr>
<tr><td>效果</td><td>xiàoguǒ</td><td>n.</td><td>effect; result; outcome</td><td>L1.1</td></tr>
<tr><td>小说</td><td>xiǎoshuō</td><td>n.</td><td>novel; fiction</td><td>L5.1</td></tr>
<tr><td>西红柿</td><td>xīhóngshì</td><td>n.</td><td>tomato</td><td>L4.1</td></tr>
<tr><td rowspan="2">性格</td><td rowspan="2">xìnggé</td><td>v.</td><td>to go throuth hardships</td><td rowspan="2">L5.2</td></tr>
<tr><td>n.</td><td>personality; temperament</td></tr>
<tr><td rowspan="2">辛苦</td><td rowspan="2">xīnkǔ</td><td>v.</td><td>to go through hardships</td><td rowspan="2">L6.1</td></tr>
<tr><td>adj.</td><td>exhausting; tough ; arduous</td></tr>
<tr><td>心情</td><td>xīnqíng</td><td>n.</td><td>mood</td><td>L8.1</td></tr>
<tr><td>信息</td><td>xìnxī</td><td>n.</td><td>information</td><td>L10.1</td></tr>
<tr><td>修理</td><td>xiūlǐ</td><td>v.</td><td>to mend; to repair</td><td>L6.1</td></tr>
<tr><td colspan="5">Y</td></tr>
<tr><td>盐</td><td>yán</td><td>n.</td><td>salt</td><td>L7.1</td></tr>
<tr><td>养成</td><td>yǎngchéng</td><td>v.</td><td>to form; to develop</td><td>L3.2</td></tr>
<tr><td>阳光</td><td>yángguāng</td><td>n.</td><td>sunshine; sunlight</td><td>L11.2</td></tr>
<tr><td>邀请</td><td>yāoqǐng</td><td>v.</td><td>to invite</td><td>L11.2</td></tr>
<tr><td>钥匙</td><td>yàoshi</td><td>n.</td><td>key</td><td>L7.2</td></tr>
</table>

续表

生词	拼音	词类	释义	课文
要是	yàoshì	*conj.*	if; if only	L1.1
页	yè	*m.*	page	L5.1
叶子	yèzi	*n.*	leaf	L11.2
应聘	yìngpìn	*v.*	to apply for a job	L12.1
印象	yìnxiàng	*n.*	impression; effect; feeling	L5.2
一切	yíqiè	*pron.*	all	L1.1
以为	yǐwéi	*v.*	to think	L6.2
勇敢	yǒnggǎn	*adj.*	brave; courageous	L5.2
幽默	yōumò	*adj.*	humorous; funny	L5.2
尤其	yóuqí	*adv.*	especially	L3.2
优秀	yōuxiù	*adj.*	outstanding; great; superior	L5.2
原因	yuányīn	*n.*	reason	L12.1
愉快	yúkuài	*adj.*	pleasant; joyful	L7.2
羽毛球	yǔmáoqiú	*n.*	badminton 羽毛：feather　球：ball	L3.1
于是	yúshì	*conj.*	as a result; therefore	L8.1
预习	yùxí	*v.*	to preview	L1.1
鱼香肉丝 *	yúxiāng ròusī	*n.*	fish-flavored shredded pork	L4.2

Z

生词	拼音	词类	释义	课文
杂志	zázhì	*n.*	magazine	L5.1
脏	zāng	*adj.*	dirty; filthy	L9.2
张山	Zhāng Shān	*n.*	a Chinese name	L1.2
照	zhào	*v.*	to look into the mirror	L9.2
招聘	zhāopìn	*v.*	to recruit	L12.1
正好	zhènghǎo	*adj.*	just right; just enough	L10.1
		adv.	just in time; happen to	

续表

生词	拼音	词类	释义	课文
整理	zhěnglǐ	*v.*	to put in order	L9.2
正确	zhèngquè	*adj.*	right; correct; proper	L1.1
真正	zhēnzhèng	*adj.*	genuine; true; real	L12.2
		adv.	really	
值得	zhídé	*v.*	to deserve; to be worth	L2.1
只好	zhǐhǎo	*adv.*	to have to; be obliged to	L1.2
质量	zhìliàng	*n.*	quality	L2.2
至少	zhìshǎo	*adv.*	at least	L10.1
植物	zhíwù	*n.*	plant	L11.1
只要	zhǐyào	*conj.*	only if; so long as	L2.2
职业	zhíyè	*n.*	occupation; profession	L5.1
重	zhòng	*adj.*	heavy	L1.2
重视	zhòngshì	*v.*	to attach importance to; to value	L3.1
周围	zhōuwéi	*n.*	surrounding	L11.1
赚	zhuàn	*v.*	to make a profit; to earn	L5.2
专业	zhuānyè	*n.*	major	L12.1
著名	zhùmíng	*adj.*	famous	L5.1
准时	zhǔnshí	*adj.*	on time; punctual	L7.1
主意	zhǔyi	*n.*	idea	L7.1
总结	zǒngjié	*v.*	to summarise; to sum up	L5.1
租	zū	*v.*	to rent	L9.2
最好	zuìhǎo	*adv.*	should better do as suggested	L8.1
作家	zuòjiā	*n.*	writer	L5.1
左右	zuǒyòu	*n.*	around; or so	L9.2
作者	zuòzhě	*n.*	author	L5.1